MAGIE UND MYSTIK
IM 3. JAHRTAUSEND

13. BUCH

EMIL STEJNAR

GNOSIS TANTRA QUABBALAH

Die Schlange, die Macht und die Kraft

STEJNAR VERLAG

Das vorliegende Buch ist Teil eines einzigartigen Lehrkurses der Magie und Mystik. Emil Stejnar hat mit seinem Werk die Magie und Mystik aus der mittelalterlichen Welt der Wunder in die moderne Welt der Wissenschaft geführt. Seine Thesen und Forschungsergebnisse werden auch in akademischen Kreisen anerkannt.

2. Auflage

Umschlaggestaltung & Satz: Rittberger+Knapp
Umschlagmontage: ©AdobeStock/jessicahyde

ISBN 978-3-900721-13-8

www.stejnar-verlag.com

Die Bücher der "Magie und Mystik im 3. Jahrtausend" bieten eine seriöse, umfassende Einführung in das Gesamtgebiet der Esoterik und Geisteswissenschaften. Die Instruktionen und Erkenntnisse, die zuvor nur wenigen ausgewählten Personen zugänglich waren, wurden durch die Veröffentlichung der nun vorliegenden 13 Bände einem großen, begeisterten Leserkreis bekannt. Stejnar beweist, Esoterik kann spannend, intelligent und in der Praxis im Alltag ungemein hilfreich sein.

Die Bücher der "Magie und Mystik im 3. Jahrtausend" umfassen 13 Bände. Jeder Band ist in sich abgeschlossen und behandelt ein wichtiges Thema.

1. BUCH: Das Buch der Meister und seine Erben.
2. BUCH: Exerzitien für Freimaurer.
3. BUCH: Die Vier Elementc.
4. BUCH: Außerkörperliche Erfahrungen.
5. BUCH: Astrologie.
6. BUCH: Der Adept Franz Bardon.
7. BUCH: Das Schutzengelbuch.
8. BUCH: Der Thebaische Kalender.
9. BUCH: Diät-Yoga.
10. BUCH: Andy Mo.
11. BUCH: An der Pforte zur letzten Latern.
12. BUCH: Träumen kann gefährlich sein.
13. **BUCH: Gnosis Tantra Quabbalah.**

INHALT

Du musst aber allhie wissen, dass die Natur nicht stille stehet, sondern ohn Unterlass wircket und aufsteiget als ein liebliches Ringen, Bewegen oder Kämpfen, gleichwie zwei Creaturen, die in grosser Liebe miteinander spielen und sich miteinander hälsen oder würgen, bald lieget eines oben, bald das andere.

Jakob Böhme, der Gottes Wirken
als erotisches Treiben in der Natur beschreibt

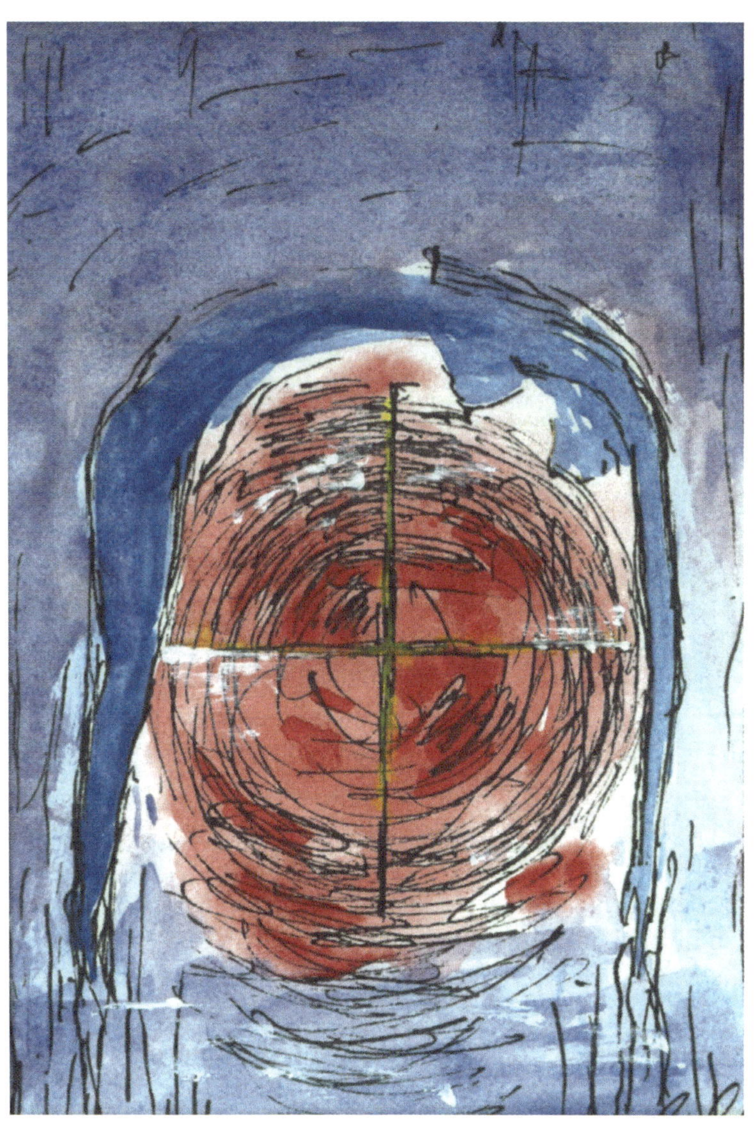

AM ANFANG IST IMMER DAS WORT

GNOSIS, DAS MYSTERIUM DER GEDANKENKRAFT

Die "Magie und Mystik im 3. Jahrtausend" kann sich heute auf Erkenntnisse der modernen Wissenschaften stützen, die auch religiöse Vorstellungen und geistige Gesetze erklären, die früher Glaubensfragen waren. Es geht nicht mehr um die Frage, gibt es einen Gott, der die Welt erschuf, sondern ob es, wie die Gnostiker meinen, zwei waren oder drei oder eine ganze Hierarchie. Die Wissenschaft der Neurobiologie, der Genetik und Informatik wirft auch auf die Vorstellungen der Quabbalisten und Tantristen ein völlig neues Licht und kann die von Franz Bardon beschriebene Funktionsweise der Wortmagie erklären.

Bisher war wenig über die praktische Arbeit mit den Buchstaben und Zahlen in den verschiedenen Traditionen bekannt. Kein Text beschreibt die Anwendung so, dass man damit tatsächlich etwas bewirken kann. Erst die Anleitungen von Franz Bardon führen dazu, dass man die zugrunde liegenden Gesetze versteht und man sich etwas Konkretes vorstellen kann. Bardons Schlüssel zur wahren Quabbalah erschließt damit auch das Yogasystem der Tantristen, das genauso auf der Macht und Kraft der Buchstaben aufgebaut ist.

Einen guten Einblick in die unterschiedlichen Praktiken und Vorstellungen des Tantra Yoga gibt die deutsche Übersetzung von Julius Evolas Tantra Buch "Der Yoga der Urkraft". Von den vielen Werken über die Praktiken der Tantristen gibt dieses Buch den besten Einblick in die unterschiedlichen Systeme. Der Übersetzer erklärt auch wichtige Begriffe aus dem Sanskrit, und übersetzt Textstellen, auf die sich der Autor beruft, was für den Sanskritunkundigen sehr aufschlussreich ist. Wenn ich im Weiteren Evola zitiere, so handelt es sich um Hinweise aus diesem Buch.

Die meisten Anmerkungen zur Gnosis entnehme ich G.R.S. Meads Werk "Fragmente eines verschollenen Glaubens." Und zwar nicht, weil mich der Herausgeber der Neuauflage, (Ansata Verlag

1990 im Vorwort (Seite XXIX) als letzten bedeutenden Gnostiker erwähnt, sondern weil dieses Buch eine umfangreiche Bibliographie und eine jedermann verständliche Einführung in diese schwer lesbaren Texte gibt.

KUNDALINI SHAKTI, DIE MACHT, DIE GEDANKEN ZEUGT

Bei Tantra Yoga denken die meisten an Sex, an Sexualmagie und an geheime Riten, bei denen die Sexualität eine Rolle spielt. Es ist unglaublich, was da alles zum Beispiel über die Chakren und die Kundalini geschrieben, geglaubt und praktiziert wird:

Kundalini sei die Energie der Zeugungskraft, die bei sexueller Enthaltsamkeit in der Wirbelsäule hochsteigt und der Reihe nach alle Chakren erweckt, bis der Yogin erleuchtet ist.

Kundalini sei die Energie der Zeugungskraft, die man zusammen mit einer Partnerin aktivieren muss und im Augenblick des Höhepunkts der Lust als Schubs für den Aufstieg in göttliche Sphären oder zur Auflösung des ICH verwendet.

Kundalini sei die Energie der Zeugungskraft, die man zusammen mit einer Partnerin aktivieren muss, aber vor dem Orgasmus stoppt, um, statt ein Kind zu zeugen, ein mentales Wesen zu erschaffen und beleben. Dazu gibt es noch eine "geheime" Variante, bei der der Samenerguss nicht gestoppt wird, sondern sich in den Mund der Partnerin ergießt. Eine Praktik, die auch bei den ersten Gnostikern, die fälschlich als Schlangenanbeter in Verruf kamen, bekannt war und auch heute noch in manchen Logen praktiziert wird.

Ich habe nur bei Bardon eine verständliche Erklärung für das Schlangenmysterium der Gnostiker und Tantristen gefunden:

Er schreibt dazu, (1. Buch Stufe X) dass in der Symbolik des Muladhara Chakras "*der Phallus, die Zeugungskraft - Imagination - und die Schlange den Weg und das Wissen vorstellen. Shakti stellt die den Phallus umwindende Schlange dar, die sich der Schöpfungskraft des versinnbildlichten Phallus, also der Imagination bedient. Imagination ist somit die Shakti- oder Kundalinikraft, die der Magier systematisch entwickeln muss. Bei einem Rückblick auf unser ganzes zehnstufiges Entwicklungssystem kommt der Magier darauf, dass gerade diese Schöpfungskraft, diese Phalluskraft, also die Imagination und deren Ausbildung, die größte Rolle in der Entwicklung spielen."*

Die Kundalini Shakti ist somit die Imaginationskraft, die Vorstellungskraft, die Kraft, die etwas vorstellt, etwas zeichnet, etwas ins Leben ruft: ein Bild, eine Empfindung, ein Gefühl, einen Entschluss. Kundalini ist damit nicht nur eine Kraft, sondern auch eine Macht, die etwas bewirkt, je nachdem, auf welcher Ebene sie agiert. Kundalini ist sowohl die Macht, die Gedanken hervorruft, als auch die Kraft, mit der man seine Gedanken beherrscht.

Kundalini manifestiert sich im Bewusstsein in Form einer Zielvorstellung, die etwas will, ganz gleich, ob man damit einverstanden ist oder nicht. Kundalini braucht nicht geweckt werden, wie die Tantristen meinen, sie ist ununterbrochen tätig und präsent.

Was man wecken muss, ist die Vorstellung, dass man sie für eigene Zwecke zähmen kann. Kundalini muss man ergreifen, erfassen, beherrschen. Kundalini wandelt sich dann zur gezielten Vorstellungskraft, mit der man Gedanken, Gefühle und Körperregungen kontrollieren und schöpferisch wirken kann. Aus der geringelten Schlange wird der Zauberstab.

Dazu braucht Kundalini nicht hochsteigen, denn sie ist bereits auf allen drei dem Bewusstsein zugänglichen Ebenen präsent. Auf den Bildern der Tantristen wird sie dargestellt als eine Schlange, die einen Phallus vom Schaft bis zu seiner Spitze dreieinhalbmal umwindet. Damit ist sie, genauso wie die Kraft des Phallus, auf die sie sich stützt, von der untersten bis zur höchsten Ebene aktiv.

- Physische Ebene: Da liegt die Zigarettenpackung. Vorstellung vom Zigaretteanzünden und Rauchen wird wahrgenommen. Triebregung entsteht aus dem Körperempfinden.
- Astrale Ebene: Lust auf diese Empfindung wird geweckt. Liebe - also Begierde nach dieser Wahrnehmung, diesem Bild der geliebten Zigarette, der geliebten Schokolade, des geliebten Menschen - also Gefühle entstehen.
- Mentale Ebene: Auf der mentalen Ebene formt sich die Kundalini zu Gedanken. Gedanke, entspann dich, wird dir gut tun, zünd dir eine Zigarette an.
- Akasha und Entscheidungsebene: Kundalini legt den Kopf auf die Öffnung des Phallus und fasst den Entschluss, ich rauch sie oder ich rauch sie nicht.

Auf der untersten Ebene, im grobstofflichen Körper, weckt sie mit ihren Bildern die Triebenergie und ruft Empfindungen, Leidenschaften und Begierden wach. Deshalb meinte man, sie müsse hochsteigen. Im Astralkörper entstehen Gefühle: Liebe oder Abneigung, Wunsch nach Wiederholung, Lust auf mehr oder Angst davor, Gier, Eitelkeit, Mitgefühl, Hass. Im Mentalkörper formt sich die Kundalini zu Gedanken und Vorstellungen, die den Intellekt und Verstand beeinflussen und als Glaubensformen, Überzeugungen und Meinungen die Grundlage für Urteile und Entscheidungen sind.

KUNDALINI, DIE SCHLANGE, DIE VERFÜHRT

Das Schlangensymbol findet man in den Mysterien aller Traditionen. Die Schlange umwindet das Welten-Ei, die Schlange umschlingt Shivas Phallus, die Schlange ist ans Kreuz genagelt, hängt am T-Kreuz, umwindet den Hermesstab, verschlingt sich selbst. Uroboros, die Schlange, die sich in den Schwanz beißt, ist ohne Anfang, ohne Ende, ist das Symbol für die Gedanken, die sich ständig selbst gebären. Auch das "G" im Flammenden Stern der Freimaurertempel, der letzten Gnostiker, es wird zumeist mit Gott oder Gnosis, also Erkenntnis erklärt, stellt in Wahrheit eine Schlange dar.

Die Schlangenkraft ist Symbol für tierische Leidenschaften genauso wie für Wille und Vernunft. Die physische Zeugung und der Akt der Empfängnis sind nur eine Form der Tätigkeit des schaffenden Willens der Schöpfermächte. Die Schlange wird als Symbol für das Bild, das den Geist formt und dadurch bewegt, herangezogen. Die bewegten Wellen formen den unbewegten See.

Die Schlange demonstriert das Phänomen der Bewegung aus sich selbst. Da sind keine Füße, die gehen, keine Macht, die anschiebt, sie ist quasi Welle und Teilchen zugleich. Wie das Licht, wie die Vorstellungen, wie die Gedanken. Sie tauchen auf aus dem Nirgendwo und steigen hoch wie die Nebel, von Ebene zu Ebene und lassen einen denken, fühlen, wollen und agieren. Sie wechseln das Kleid wie die Schlange die Haut.

Die Kundalini Schlange kann ihre Haut, also das Bild, in das die Energie gekleidet ist, abstreifen. Wenn ich der Vorstellung "Schokolade essen", die Vorstellung "Geisteskraft gewinnen" entgegenstelle, schlüpft sie in diese neue Vorstellung.

Die Kundalini und der Phallus, um den sie sich windet, sind eine Einheit wie Penis und Vorhaut. Jede Kraft hat eine Macht, und jede Macht hat eine Kraft. Qualität und Quantität sind die zwei Manifestationen der einen geistformenden Energie. Nicht der Phallus bestimmt, auch nicht Kundalini, sondern die gemeinsam hervorgebrachte Zielvorstellung, die sich verwirklichen will. Das ist nichts Abstraktes oder Symbol einer These, sondern etwas ganz Konkretes, das man verstehen und erfassen kann, wenn man sich bewusst der Imaginationskraft bedient.

KUNDALINI UND DER PLACEBO EFFEKT

Die Vorstellungskraft ist nicht nur die Kraft, mit der man Vorstellungen erschafft, sondern auch die Macht, die in den Vorstellungen steckt und etwas bewirkt.

Kundalinis Manifestationen müssen keine Vorstellungen von Empfindungen sein, die, wenn sie auftauchen, Lust auf eine Zigarette, Sex oder Schokolade wecken. Es kann auch der Gedanke an einen Menschen, der geliebt wird oder nicht vergessen werden kann, sein. Es kann die Vorstellung von einem Gegenstand, der gekauft oder gesammelt werden will, die politische Meinung, ein religiöser Glaube oder das Handy sein.

Dass man sich mit einer Vorstellung nicht bloß etwas einbildet, sondern die Gedanken tatsächlich etwas bewirken, beweist der Placebo Effekt. Es werden nachweislich, zum Beispiel bei der Verabreichung eines Scheinmedikaments gegen Schmerzen, die für eine Schmerzlinderung nötigen, aber nicht verabreichten, Opiate vom Körper selbst produziert.

Die Wirkung des Placebo Effekt beruht auf nichts anderem als auf einer Vorstellung, der man sich hingibt, indem man sie glaubt. Dazu bedarf es keiner geschulten Imaginationskraft zur Visualisierung. Die simple Vorstellung, "das hilft", genügt. Das gilt auch für das sogenannte Positive Denken, wo eine Zielvorstellung, also ein erwartetes Ziel, mit einer frohgemuten, zuversichtlichen Stimmung belebt, sich realisieren wird. Und das gilt auch für den wenig beachteten Nocebo Effekt, der auf einer Vorstellung mit negativer Erwartung und Angst beruht und jedes Vorhaben misslingen lässt.

KUNDALINI, DAS WERKZEUG FÜR DIE ARBEIT MIT DEM GEIST

Kundalini Shakti ist das schöpferische Phänomen der Imagination, der Vorstellungs- und Visualisierungskraft. Sie ist das Werkzeug für die Arbeit mit dem Geist. Kundalini formt und weckt die Vorstellung eines Gedankens, eines Gefühls, eines Lustbegehrens, ganz gleich, ob man es so will. Und sie formt und weckt die Entscheidungskraft für eine neue Zielvorstellung, die sich, so man es will, den unerwünschten Vorstellungen - oder anderen Mächten und Kräften - entgegenstellt.

Die Schlange Kundalini ist immer verbunden mit dem Phallus, den sie umschlingt, der sich ihr hingibt und die Bilder, die sie zeichnet, mit seiner Stärke festigt und zugleich belebt. Oder ihr Einhalt gebietet. Denn die Kraft, die der Phallus symbolisiert, ist auch die Willenskraft, die Konzentrationskraft, die Entscheidungskraft.

Es ist die Vorstellung, die etwas bewirkt und die "aus sich selbst, durch sich selbst seiend besteht." (Evola S 268) Die Kundalini, also die Vorstellungskraft, kann sowohl verführen als auch die Entscheidung, der Verführung nicht zu folgen, vorgeben. Je nach Ebene ist Kundalini eine Vorstellung von Lust und Genuss, die befriedigt werden will, oder die Vorstellung, dem Verlangen zu widerstehen. Aus der Schlange, die auf der unteren grobstofflichen Ebene verführt, wird Kundalini auf der Akasha Ebene zur Uräusschlange, die den herrschenden Pharao krönt.

Der Adept herrscht nicht nur über das Reich seiner eigenen Regungen, sondern auch über das Reich der Elemente, der Götter und Dämonen. Will man auf den feinstofflichen Ebenen etwas gestalten, etwas - oder sich selbst - bewegen oder erfassen oder seine Umwelt in seinem Sinn gestalten, gelingt das nur aufgrund seiner Vorstellungskraft.

- Wir haben eine Macht, die in Form eines Gedankens, einer Vorstellung, einer Empfindung, eines Gefühls als Zielvorgabe etwas bewirken will und immer an eine Energie, die die Vorstellung belebt und verwirklichen lässt, gebunden ist.
- Und wir haben eine Kraft, die immer an ein Bild gebunden sein will und sich mit der nächstbesten Vorstellung verbindet, wenn man sie nicht lenkt und bewusst mit einer Zielvorstellung - also mit einer Qualität - verbindet.

MACHT UND KRAFT

Bardon beschreibt das Zusammenwirken von Macht und Kraft. (3. Buch Stufe XI.) "*Mächte verschiedener Art, Tugenden, Eigenschaften und Fähigkeiten, ob im Akashaprinzip, im Mental, Astral oder in der grobstofflichen Welt angewendet, können auch ohne Kraft- oder Stoffstauung vor sich gehen, also ganz unbewusst zur Quantität erhoben werden. Ist das der Fall, versuchen sich die gesteigerten Fähigkeiten irgendwie zu realisieren, wozu sie ganz automatisch ein bestimmtes Quantum ihrer analogen Kraft aufwenden. Bei diesem Vorgang geht es jedoch immer auf Kosten der betreffenden Vitalität des mentalen, astralen oder grobstofflichen Körpers.*"

- Mächte, zum Beispiel Vorstellungen von Lustbefriedigung oder Gedanken, ihnen zu widerstehen, also Tugenden, Eigenschaften, Ideale, versuchen immer, sich zu realisieren und werden dazu automatisch die benötigte Kraft anderen Bewusstseinsträgern (auch dem Ich bin) entziehen.
- Kräfte brauchen eine Form, ein Kleid, ein Ziel und geben sich dazu jeder Vorstellung, die sich anbietet, hin, um sich gemeinsam zu realisieren.

QUALITÄT UND QUANTITÄT

Bardon erklärt damit auch den Unterschied zwischen Qualität und Quantität. Nur wer diese zwei miteinander fest verbundenen Manifestationen und Bestrebungen jeder Form und jeder Energie, ganz gleich auf welcher Ebene, kennt und berücksichtigt, wird magisch schöpferisch wirken können.

- Die Qualität beschreibt das Ergebnis, die Auswirkung, also das, was die Kraft als Macht bewirken soll oder bewirkt.
- Die Quantität, die Kraft, ist die Energie, die das, was geschieht, bewirkt, aber auch verhindern kann.

Der mit der Schlange umwundene Phallus ist Symbol für die Zeugungskraft. Die Kraft, mit der man etwas ins Leben rufen, befruchten, erschaffen kann. Die Kraft, mit der man entscheidet, handelt und sein Leben gestaltet. Selbst die simple Aktion morgens, "raus

aus dem Bett", wird von dieser Kraft getragen, weil sie sich in Form einer Entscheidung der Macht "bleib doch liegen" entgegenstellt. Es ist die gleiche Energie, mit der sich sowohl die Phantasie als auch der Wille Bilder schafft.

- Kundalini ist das berühmte Seil, an dem man sich selbst aus dem Sumpf ziehen kann.

Kundalini Shakti, die Vorstellungskraft, ist also beides, bewirkt beides, ist Macht und Kraft zugleich. Die Schlange, die auf der Abbildung des Muladhara Zentrums den Phallus dreieinhalbmal umwindet, verschließt auf der höchsten Ebene mit ihrem Kopf seine Öffnung. (Evola, S 268)

Die Kundalini Shakti, die in Gestalt des Verlangens in Erscheinung tritt, ist damit auch gleichzeitig die Kundalini Shakti, die die Fesseln des Verlangens durchschneiden und das Ausströmen des Samens (die Elementare und Elementale für die Zielvorstellung) stoppen kann. - Wenn man es so will. - Ansonst nimmt sie den Samen auf und wird immer mächtiger. Das Verlangen steigert sich zu Sucht, zur Besessenheit, zur Zwangsvorstellung, die einen immer mehr in ihren Bann zieht und dabei Geist und Lebenskraft entzieht.

- Das bedeutet: Im Lustbegehren steckt die gleiche Energie wie in der Fähigkeit, dieser Lust zu widerstehen. Und es bedeutet: wenn ich die Handlung, zu der mich diese Energie auf der physischen Ebene bewegen will, auf der geistigen Ebene mit meinen Gedanken stoppe, dann wandelt sich diese Energie des Verlangens auf der Ebene des Geistes in die Kraft des Willens um.

Die Energie ist lenkbar. Man kann sie mit Vorstellungen umleiten und stoppen. Man kann verhindern, dass die Schlange den Samen schluckt. Zum Beispiel den Griff nach der Schokolade. Eine Vorstellung sagt "Iss mich!", oder sie sagt "Halt!", bevor man die Schokolade isst. Wird die Energie nicht gelenkt, formt sie selbst die Gedanken, die dann selbständig agieren und Wünsche wecken, die zu Handlungen führen.

Jeder Verzicht auf ein Verlangen wandelt die gestoppte Energie, in der Zeit, in der sie beherrscht wird, in Geisteskraft. Die muss allerdings bewusst aufgefangen und gesteuert werden. Mit ihr muss man etwas anderes "befruchten", sonst verbindet sie sich automatisch mit einer anderen vorhandenen Vorstellung. Die Kraft, die man aufwendet, zum Beispiel beim Joggen, Kraftsport, Diät usw., verbindet sich dann mit dem Qualitätsbegriff "Gesundheit" oder "Schlanksein" oder "Starksein" und macht sich selbständig und wird zur Sucht. Kundalini will noch schlanker, noch gesünder, noch kräftiger werden. Man muss die Qualität, also das, was die gewonnene Energie bewirken soll, neu formulieren und bestimmen. Am einfachsten geht das, wenn man sich vorstellt, dass sich die Triebkraft in die Kraft des Willens verwandelt.

DER PHALLUS, DAS FESTE, DAS SICH NICHT BEWEGT

Dass es trotzdem nicht so einfach ist, eine einmal gebildete Vorstellung aufzulösen, liegt am Selbsterhaltungstrieb der den Vorstellungen zugrundeliegenden elementalen und elementaren Formen. Das Problem ist, dass Kundalini über Bilder wirkt, also Elementale erzeugt, die danach selbständig wirksam sind. Die Zielvorstellung wird zu einem Verlangen, und dieses Verlangen, egal nach was, holt sich im Weiteren selbst die Energie, indem es diese dem Betreffenden entziehen.

Das muss nicht sein. Die Tantriker haben eine einfache Methode, Triebreste oder Gefühlszustände, die einen im außerkörperlichen Zustand bedrängen, aufzulösen (Evola S 321) Diese Technik lässt sich auch auf der physischen Ebene anwenden.

"*Man muss die Regungen aufmerksam, aber gelassen und ruhig, betrachten und auf das warten, was als nächstes kommt. Damit kann man den vampirischen Vorgang neutralisieren und verhindern, dass weitere Lebenskraft die Erscheinungen nährt. Werden die Schemen sich selbst überlassen und einfach mit ruhiger Objektivität betrachtet, müssen diese Formen notwendigerweise dahinwelken und sich auflösen."*

Man gewinnt Abstand durch ruhiges Betrachten. Jeder Verzicht wandelt ein Begehren wieder in Geisteskraft um. Verzicht auf den erwarteten Genuss und dafür Begehren nach mehr Geisteskraft dreht den Spieß um. Die Tantristen würde sagen Kundalini steigt nach oben, und die Quabbalisten beschreiben das Phänomen mit dem Jordan, der nach oben fließt. Der feste Phallus, um den sich die Kundalini ringelt, ermöglicht das.

- Durch ruhiges, festes, unbeteiligtes Betrachten einer Regung vergegenwärtigt man sich, dass während der Zeit der Verzögerung, in der man standhaft innehält, die animalische Energie des Lustverlangens in die geistige Energie des Willens übergeht.

KUNDALINI MUSS MAN ERGREIFEN

Kundalini ist nicht Shiva oder Shakti, nicht Phallus oder Schlange, nicht Macht oder Kraft. Sie ist immer beides in enger Umarmung und Verbundenheit. Man braucht sich nicht den Kopf zerbrechen, was von den beiden das feste und was das bewegliche, was das starke und was das schwache, was das männliche und was das weibliche ist. "*Ob beim Erschaffenen die weibliche Seite die Kraft besitzt, den Stoff oder die Substanz auszusenden und die männliche Seite die Kraft hat, diesen ausgeströmten Stoff zu formen* "(Mead S 279) stellt sich in der Praxis ganz von selbst heraus. Auch hier gilt die indische Weisheit: "*Das einfache Aussprechen eines Lehrsatzes genügt nicht und gilt nicht als Erkenntnis.*" (Evola S 21)

Das Mysterium der Schlange kann man nicht mit Worten erklären. Die Begriffe Macht und Kraft vermitteln den Eindruck von zwei Energien - es ist jedoch nur eine Kraft, die etwas bewirkt. Und das englische Wort Power - das nur eine Kraft benennt - lässt nicht erkennen, wie diese Gewalt in Erscheinung tritt und sich manifestiert.

Was man mit Worten nicht beschreiben kann, wird zumeist in

Symbolen ausgedrückt. Die Schlangenkraft ist aber auch mit dem Symbol der Schlange nicht zu erklären. Weder die Schriften der Gnostiker noch die der Quabbalisten oder Tantristen lassen das Mysterium der bewegungslosen Bewegung verstehen. Ein Übersetzer gnostischer Schriften, ich glaube, es war Fendt, schreibt irgendwo: "*Immer, wenn ich glaube, ich habe ein Sinnbild richtig erfasst, finde ich ein neues Blatt mit einer anderen Zuweisung. Es ist zum Wahnsinnigwerden.*" Das Symbol der Schlange wurde so oft ausgelegt, definiert und interpretiert, bis man erst recht nichts begriff.

Aber die Schlange muss man nicht verstehen. Man muss sie ergreifen. Es wird viel zu viel philosophiert, analysiert und dokumentiert. Kundalini muss man in der Praxis ergründen. Es geht nicht um philosophische Thesen, sondern um die Frage, wie kriege ich die Schlange in den Griff. Und die Antwort ist ganz einfach: Indem man sie packt und zähmt und ihr die ungezügelte Freiheit nimmt.

- Jeder Entschluss zur Beherrschung einer Regung bedarf dazu einer Vorstellung. Diese Vorstellung ist die vielzitierte Zeugungskraft, die etwas bewirkt.
- Und jede verzögerte, also beherrschte Regung, wandelt die in dieser Zeit gestoppte Energie in Geisteskraft, die man zur Stärkung einer Zielvorstellung verwenden kann.

In meinem Buch "Diät-Yoga" wird das eingehend beschrieben. Kundalini manifestiert sich immer in Form von Gedanken und Vorstellungen. Die steigen ständig hoch. Sie schläft nicht. Sie muss nicht geweckt werden. Sie ist immer aktiv. Und wenn man sie nicht bewusst und gezielt ergreift, dann gebiert sie Gedanken und Vorstellungen nach eigenem Ermessen, je nachdem, welche Regung ihr gerade zur Verfügung steht.

Die Schlange verführt den Menschen oder krönt ihn, wenn er sie beherrscht. Moses demonstrierte seine Macht, indem er die Schlange, in die sich der hingeworfene Stab des ägyptischen Königs verwandelt hatte, ergriff und zu einem festen Stab erstarren ließ.

Der Baum der Erkenntniß Gutes und Böses.

DIE MYSTERIEN DER GNOSIS

KUNDALINI UND DIE GENIEN UND ARCHONTEN

Mit den Bildern und Gedanken, die Kundalini zeichnet, können auch Genien und Dämonen die Menschen befruchten. Die christliche Mystik kennt die Schlange (Satan), die die Menschen verführt. Die Mythen erzählen von Engeln, die sich mit den Menschen paarten und Kinder zeugten, also Vorstellungen zeichneten, die die befruchteten Menschen in ihrem Sinn denken, fühlen und handeln lassen.

Der Verkehr mit den Wesen findet noch immer statt. Künstler, Wissenschaftler und Erfinder, genauso wie der Diktator, der Vergewaltiger, der religiöse Terrorist. Noch immer werden Menschen von den Genien verführt und befruchtet. Die gerauchte Zigarette entspannt nicht nur den Raucher, sondern befriedigt auch den dahinterstehenden Drogen-Dämon. Und die von Millionen Computerspielern rund um die Uhr belebten Bilder der Gewalt verleihen den Gewaltdämonen die Macht, auch in der realen Welt Krieger und Terroristen zu rekrutieren.

Aus dieser erschreckenden Erkenntnis entstanden der Glaube und der Aberglaube der Gnostiker. Wer befruchtet die Menschen und warum? Die Gnostiker nennen einen Gott, der sich alles ausdachte und in geistigen Sphären ruht, und einen anderen, der mit den Archonten das materielle Universum und die Menschen erschuf.

Mit den Archonten sind die Genien der Planeten, Tierkreiszeichen und Erdgürtelzone gemeint. Sie werden als die Schöpfer oder Eltern der Menschen beschrieben. "Da die Seelen der Menschen aus ihrem Schweiße, aus dem Wasser ihrer Augen, aus dem Hauche ihres Mundes hervorgehen" (Pistis Sophia Carl Schmidt Leipzig 1925 S XXXII). "Die Menschen bestehen aus demselben Teig (Wesenszellen der Planeten, Tierkreiszeichen und Urqualitäten) wie die Engel und Archonten." (ebenda S 181) Es wird dabei von 360 guten Archonten und von 360 bösen Archonten, den Schicksalsmächten und deren Dämonen berichtet (ebenda S XXXV) "deren

Einfluss die Menschen zu Missetaten und Sünde verleitet und die nach dem Tod als Ankläger auftreten um Strafen zu verhängen und die Seele wieder dem Kreislauf zu übergeben". (ebenda S XXX)

Hier stellt sich die entscheidende Frage, die uns auch heute noch interessiert. Ist mit Kreislauf eine neue Inkarnation gemeint oder die Rückkehr und Auflösung der Seele in den Ebenen der Archonten?

Für die Jünger Jesu war das kein Problem. Denn: "*Wer im Besitz ihrer Apologien, Zeichen und Siegel ist, kann alle Bande der Archonten brechen.*" (ebenda S. XXX) Also "*begehrten die Jünger dieses große Geheimnis zu empfangen und der Meister (Jesus) verspricht es. Und diese Siegelabbildungen, Namen, Zahlen und Apologien werden aufgezählt. Den Jüngern werden die geeigneten Siegel, Zahlen, Zeichen, Namen und Apologien gegeben, so dass sich die Mächte zurückziehen.*" (Auszüge aus den Fragmenten vom Buche des großen Logos - Mead S 430 bis 432).

Leider findet man in den Texten nur einige wenige Namen und Formeln und nicht die damit verbundenen Siegel der Archonten. Selbst von den 360 Göttertafeln, die Mohammed 500 Jahre später in Mekka zertrümmerte, ist nichts mehr bekannt. Erst Franz Bardon brachte mit seinen drei Büchern Licht ins Dunkel der gnostischen Mysterien.

Aber auch hier sind, wie ich nachweisen konnte, viele der Namen und Siegel, vielleicht sogar alle, falsch. Dass ich trotzdem Tausenden Menschen mit diesen Siegeln helfen konnte, kann genauso gut auf der "Magie der Schlange" beruhen. Also auf der konzentrierten Vorstellung, mit der ein Siegel aufgeladen, also verbunden wird, und auf dem sogenannten Placebo Effekt, also auf der Vorstellung, die man bei Verwendung des Siegels erweckt. Wir werden diese These auch bei der Anwendung der praktischen Quabbalah näher in Betracht ziehen.

Die Namen der Engel, Genien und Archonten sind ja keine Rufnamen wie Peter oder Liese, durch die sich jeder, der so heißt, angesprochen fühlt, sondern Qualitätsbezeichnungen und magisch wirksame Formeln, soweit man sie auf der geistigen Ebene richtig aussprechen kann. Mit "richtig aussprechen" ist nicht nur der Name, sondern die Vergegenwärtigung der Eigenschaft und Qualität der Kraft, die fixiert oder aktiviert werden soll, gemeint.

Endgültige Klarheit über die Mächte und Kräfte, die in Form der Elementale hinter den Vorstellungen stehen, kann jedoch nur die praktische Forschung der Magie und Mystik und der Neurowissenschaften bringen.

KUNDALINI UND DER LIEBE GOTT

Es soll hier nicht auf das widersprüchliche Gedankengut der unterschiedlichen gnostischen Systeme eingegangen werden. Die überlieferten Abfassungen sind genauso langatmig und verwirrend wie alle anderen alten Texte aus Indien, Ägypten und Babylon. Ich glaube nicht, dass diese Schriften tatsächlich jemandem zu einer für seine geistige Entwicklung nötigen Erkenntnis verholfen haben. Es bringt nichts, Thesen aufzustellen über den Vorgang der Schöpfung, über Gott und die Götter und über Ebenen und Sphären, zu denen der bewusste Zugang fehlt.

Monoimus, einer der weniger bekannten Gnostiker, hat das sehr gut erkannt und schreibt in einem Brief an einen gewissen Theophrastus: *Höre auf, Gott im Weltall und ähnlichen Dingen zu suchen. Such ihn aus dir selber und lerne, wer es sei, der Alles, was in* ***dir*** *ist, sich angeeignet hat und sprich: Mein Gott, meine Vernunft, mein Verstand, meine Seele, mein Körper. Und lerne von wannen Sorge und Freude, Liebe und Hass sind, und das Erwachen, obgleich man es nicht will und das Schlafen, obgleich man es nicht will und das Ärgern, obgleich man es nicht will und das Lieben, wenn man es nicht will. Wenn du diese Dinge genau erforschest, wirst du ihn in dir selber finden, wie auch die Einheit und Vielheit, ganz wie bei den Atomen, solcher weise findest du in dir selbst den Weg aus dir selbst heraus*. (Mead S 185)

Ein wesentliches Merkmal im Glauben der Gnostiker war ja, dass sie im Gestalter des Weltalls nicht den höchsten "Gott - Vater" sahen. Und das kann man verstehen. Wer heute nach der Entstehung des Weltalls und dem Schöpfergott fragt, muss sich auch fragen, ob der ganze Schöpfungsplan bereits vor dem vermuteten Urknall festgelegt war, oder ob nach dem Architekten, der sich alles ausdachte und die Pläne erstellte, Baumeister und Handwerker tätig wurden und vielleicht noch immer tätig sind.

Wann wurden die physikalischen Gesetze ausgedacht und die komplexen Voraussetzungen berechnet, die für die Beschaffenheit der Materie nötig waren, damit sich daraus Planeten bilden, auf denen sich Leben entwickeln kann? Wurde die Bauanleitung zur Gestaltung der molekularen Struktur der Proteine, den Bausteinen der Gene und das Programm für den genetischen Code, erstellt, bevor die Materie erschaffen war? War das Ziel ein Mensch als Bewusstseinsträger für schöpferisch tätigen Geist oder ein Menschentier zum Spielen, Melken und Schlachten? Wann und vom wem wurden die für die erhebende Musik des Sibelius oder Bruckner oder Mahler und die sakralen Kompositionen von Mozart, Haydn, Verdi, Beethoven nötigen Musikinstrumente konstruiert? Waren die bereits vor der Gestaltung des Weltalls auf einer geistigen Ebene so ersonnen oder geschah das erst im Laufe der Zeit? Zum Beispiel auf der für Musik zuständigen Ebene der Venus – Genien oder auf einem fernen, von Menschen bewohnten Planeten, und die irdischen Musiker, Komponisten und Instrumentenbauer wurden von den fortgeschrittenen, außerplanetarischen Erfindern inspiriert. Wer gibt seit einigen Jahren den Informatikern und I.T. Experten die genialen Schaltpläne für Computer, Roboter und die Algorithmen künstlicher Intelligenzen ein?

Heute muss sich der Gnostiker fragen, ist der Schöpfungsprozess abgeschlossen oder wird da noch auf den Ebenen der Genien (Archonten) herumexperimentiert? Vielleicht zusammen mit einigen dafür fachlich interessierten oder magisch ausgebildeten Menschen?

"*Die Gnostiker behaupten,*" (damit meint Mead die Schüler des Menander) "*der Mensch sei imstande, sich so zu vervollkommnen, dass er zu einem bewussten Mitarbeiter des Logos würde. Menander lehrte, dass man Weisheit vermittelst praktischer Übungen der übersinnlichen Magie erlange, das heißt, man könne sich die Gnosis nicht durch den Glauben allein aneignen, sondern vielmehr durch ein bestimmtes Streben und bewusstes Wirken auf dem Gebiet der kosmologischen und psychologischen Kenntnisse*". (Mead S 146)

Das lehrt auch die "Magie und Mystik im 3. Jahrtausend". Der moderne Gnostiker sucht weder den Gott, der das Weltall erschuf, noch den immer Seienden, der in fernen himmlischen Sphären über den Hierarchien der Genien und Geister schwebt.

Der moderne Gnostiker sucht, wie Monoimus rät, den Schöpfer, der seine persönlichen "Geister", also die Gedanken, die sein Bewusstsein tragen, ins Leben ruft. Wer steht dahinter? Wozu und wem dienen diese von Menschen gezeugten lebendigen Bilder? Sind es unsere Kinder, die für unser Überleben sorgen oder Köder und Ausgeburten von Wesen einer menschenfeindlichen Hierarchie?

Der moderne Gnostiker fragt nicht, wer oder wie, sondern wozu jemand das Universum erschuf. Wem dient der ungeheure Energie- und Materialaufwand? Wem dienen die Menschen? Er fragt sich: Wem dienen meine Gedanken? Wem dient mein Dasein? Wem diene ich selbst?

Der moderne Gnostiker philosophiert weder über einen einzigen Schöpfergott noch über viele Götter, sondern denkt über das nach, was er persönlich hautnah erlebt. Er glaubt an die Mächte und Kräfte, die er in sich spürt und untersuchen kann. Er glaubt an sich selbst und lebt so, dass er den Glauben an sich nicht verliert. Er fragt sich, beherrsche ich, was an mir ist? Und er sagt, ja, ich kann, was an mir ist, beherrschen. Er fragt sich, bin ich wach? Und er prüft und sagt, ja, ich bin wach. Er fragt sich, bin ich? Und er prüft und sagt, ja, denn ich bin der ich bin.

KUNDALINI UND DIE SCHLANGE DER GNOSIS

Die Gnosis ist trotzdem nicht, wie man meinen könnte, und wie allgemein angenommen wird, Ausdruck eines dualistischen Systems. Sie vermittelt im Gegenteil die Erkenntnis, dass Macht und Kraft eine untrennbare Einheit bilden: "*Sie sind einander gleich, da sie eins sind, denn es ist kein Unterschied zwischen Macht und Gedanke. Von den oberen Dingen wird die Macht anerkannt und von den unteren der Gedanke*" schließt die große Verkündigung des Simon, in der es um die zweierlei Arten der Weltäonen geht. (Mead S 144)

Es geht also nicht um Gut und Böse oder um Licht und Finsternis, sondern um die sensationelle Erkenntnis, dass die eine und einzige schöpferische Macht und Kraft, nämlich der Gedanke, nicht nur Gott, sondern auch den Menschen zur Verfügung steht. Das hat nicht nur die Kirchenväter, sondern auch die Götter erregt.

- Am Anfang war das Wort, also der geformte Gedanke, und der ist auch in jedem Menschen und verleiht ihm die Schöpfermacht des bewussten Tuns. Diese Erkenntnis der Gnostiker hat die Menschen mit den Göttern gleichgestellt.
- Mit einem Gedanken kann man sich selbst befruchten oder der Macht eines anderen Gedankens entgegentreten und jedem Einfluss widerstehen.
- Der Gedanke als Wort, als Vorstellung, als Schöpfermacht, die am Anfang war, steht immer noch am Anfang eines jeden bewussten Tuns und stellt damit den Menschen an die Seite der Genien und Götter.
- Dieses Mysterium wurde dargestellt mit der Schlange, die sowohl das erschaffene Welten - Ei als auch den Phallus, das Geschlechtsglied der erschaffenen Menschen umschlingt.
- Mit Gedanken kann man erkennen. Mit Gedanken kann man befruchten. Mit Gedanken kann man befruchtet werden.

"*Wenn in der Bibel von Erkennen gesprochen wird, so meint man stets die sexuelle Betätigung mit dem Ergebnis der Zeugung; - Er erkannte sie, und sie gebar ihm einen Sohn.*" (Hemberger, Das Geheimnis der grünen Schlange) Dass es dann bei einigen Gnostikern, den sogenannten Ophiten und den Phibioniten, zu dem Sperma - Kult und anderen sexuellen Praktiken kam, hängt mit zwei Fragen zusammen. Erstens, wem denn die Zeugung von Menschen und die von Menschen gezeugten Gedanken schlussendlich dienen. Dem einen Vater - Gott oder den Archonten. Und zweitens, ob im schlangenähnlichen Spermatozoon tatsächlich göttlicher Geist zu finden ist, den man evozieren, opfern oder für magische Zwecke verwenden kann. Die zweite Frage beschäftigte auch die Tantristen.

KUNDALINI UND DIE SEXUELLE ENERGIE

Der Tantrismus weckt zur Transformation der Triebenergie die Sexualität, weil sie in der Regel von allen Regungen am heftigsten in Erscheinung tritt. "*Der physische Körper gilt für sie als* ***der*** *Ort, wo die Kräfte zur Befreiung zu finden sind.*" (Hans Thomas Hakl, Evola S 11) Das ist absolut richtig.

- Aus beherrschten, bezwungenen Körpertrieben lässt sich am einfachsten und raschesten Geisteskraft gewinnen.
- Es gibt überhaupt keine andere Möglichkeit, seinen Geist und seine Willenskraft zu stärken, als die nötige Energie ganz bewusst den Regungen des Körpers zu entziehen.
- Jede Überwindung eines Begehrens überführt die mit konzentrierter Gedankenkraft bezwungene Energie auf einer höheren Ebene in Geisteskraft.

Aber die Lust auf Sex ist dazu völlig ungeeignet. Sex ist eine hormonbedingte Körperregung, die man kontrollieren, aber nicht manipulieren soll. Weder unterdrücken noch steigern, wie das bei manchen Riten des Tantra Yoga, in der Annahme, dass dadurch auch der Geistgewinn größer wird, der Fall ist. Denn auf diese Weise werden Erosschemen gebildet, die den Tantriker zu noch extremeren Praktiken verführen. Es gibt tantrische Riten, die schreiben vor, dass der Mann monatelang neben der Frau, mit der dann die Vereinigung geschieht, schlafen muss, ohne sie zu berühren (Evola S 244) Das ist schon alleine aus gesundheitlichen Gründen völlig unmöglich. Hoden und Prostata spielen da nicht mit oder geben ihren Geist auf und werden impotent. Sexualität ist ein Körperbedürfnis wie Hunger und Durst. Sexualität kann man steuern, aber man darf sie nicht zwölf Monate lang unterdrücken.

Der Yogin erzielt auch keinen Geistgewinn mit den anderen orgiastischen Tantra Yoga-Praktiken wie Gruppensex und Gelage mit Rausch-Getränken und minderjährigen Mädchen. (Evola S 228) Wenn jemand an Sex mit unbefriedigten Esoterikerinnen oder neugierigen jungen Mädchen Spaß hat, wird er mit dieser Form des Tantra Yoga seine Lust befriedigen können. Aber für einen Geistgewinn sind diese Riten genauso wenig geeignet wie das Freitagsgebet oder der Rosenkranz. "*Im hinduistischen Tantrismus gibt es auch Richtungen, die auf rituelle Sexualität verzichten*". (Evola S 11)

SEXUALMAGIE BEI FRANZ BARDON

Auch Bardon erwähnt die Sexualmagie. (1. Buch, Stufe X.) Er beschreibt eine sexualmagische Operation zur Ladung eines Amuletts. "*Die in der Beherrschung des elektrischen und magnetischen Fluids geschulte Magierin – Partnerin – muss sich umpolen, so dass bei ihr der Kopf magnetisch und die Genitalien elektrisch fluidisiert werden. Beim Mann ist dies umgekehrt der Fall, sein Kopf muss magnetisch, die Genitalien elektrisch gepolt sein.*" Jetzt frag ich mich, welches hübsche Mädel beherrscht das elektrische und magnetische Fluid? Kein Wunder, dass da ein schlauer Yogin, der die beiden Fluide auch nicht beherrschte und seine Yogini nicht umpolen konnte, auf die Idee kam, das Mädchen einfach umzudrehen.

Theoretisch ist es zwar möglich, dass man die Energie, die im sexuellen Lustbegehren steckt, auf die geistige Ebene überführt oder für magische Zwecke verwendet. Aber in der Praxis funktioniert das nicht. Auch Bardon rät von dieser Methode ab. Man zeugt auf jeden Fall einen Erosschemen, der sich die Energie sofort für sein weiteres Überleben einverleibt. Und wer sich im Orgasmus verliert, um sich mit einer Göttin zu vereinen, erlangt nicht deren Eigenschaften, sondern wird sich im Schoß dieses Erosschemen verlieren.

KUNDALINI UND DAS ERWACHEN DES ICH

Genau wie die Sexualpraktiken ist auch das von den Tantristen angestrebte Zunichtewerden des Ichs (Evola S 252) unsinnig und gefährlich. Die Vorstellung der Selbstaufgabe, Selbstauflösung und Verflüchtigung liefert nur bei den Übungen mit den Eigenschaften der Urqualitäten des Wasserelements eine wichtige Erfahrung. Aber selbst bei diesen Übungen muss das Ich als bewusster Beobachter erhalten bleiben. Es gibt kein höheres oder niedriges, kein physisches oder spirituelles, sondern nur das bewusstseinstragende ICH, das das Bewusstsein bewahrt, solange man sich damit identifiziert. Ich habe das in meinen Büchern immer wieder von allen möglichen Seiten ausgeleuchtet.

Die Vorstellung vom ICH ist in seiner Wahrnehmung "Ich BIN" auf jeder Ebene, ganz gleich in welcher Sphäre, der wichtigste Träger des Bewusstseins - und zwar eines jeden Wesens. Selbst die Göttliche Vorsehung beschreibt sich mit den Worten "ich bin der ich bin." "Ich bin" ist der einzige Träger des Bewusstseins, auf den man sich stützen kann, ohne sich in seinen oder fremden oder unerwünschten Gedanken, Vorstellungen oder Gefühlen zu verlieren.

Dass dieses ICH erst geboren werden und erwachen muss, ist eine Tatsache, die man erst versteht, wenn man die Geburt tatsächlich erlebt. Dazu bedarf es keiner besonderen Initiation. Die Wahrnehmung, dass man ist, ist das erste Erwachen.

- Man macht sich bewusst, dass man ein Geist ist, der in einem Körper steckt. Mit dem Gedanken: Ich schaue aus diesem Körper heraus, hinein in diese Welt, bestätigt man diese Idee.
- Dann denkt man: Ich sehe, was ich sehe zum ersten Mal. Durch diese Feststellung wird für einen Augenblick der Fluss der Zeit gestoppt, quasi unterbrochen und man erlebt einen mentalen Neubeginn.
- Dann vergegenwärtigt man sich: Ich bin es, der schaut. Durch diese Erkenntnis wird man sich seiner selbst bewusst. Das Bewusstsein ist erfüllt von der Wahrnehmung Ich BIN. Wenn man sich richtig mit dieser Vorstellung, dass man ist, identifiziert, wird man für einen Augenblick "erwachen."

Es genügt jedoch nicht zu denken, "Wenn ich denke, Ich bin, dann erlebe ich mich selbst und erwache". Man kann sich schwer selbst erleben, solange man über sich selbst nachdenkt. Es ist ein Unterschied, ob man den Gedanken "ich bin" nur denkt oder sich tatsächlich mit dem, der da aus dem Körper herausschaut, identifiziert. Der Gedanke "Ich bin" ist nur der Bewusstseinsträger für den Geist, der da aus dem Körper herausschaut und etwas wahrnimmt, denkt und fühlt. Das Ich muss sich selbst erleben.

- Das Erwachen ist keine Erkenntnis, sondern eine Erfahrung.

Die Übung kann erweitert werden. In Ägypten befindet sich eine Figur, die dem Pharao Chephren zugeordnet wird. In dessen Nacken sitzt Horus, der Chephrens Kopf mit beiden Flügeln umfängt. Die Bedeutung dieser Darstellung ist, dass das Bewusstsein nicht im Körper gefangen ist und nicht im Kopf steckt, sondern frei wie ein Vogel auf dem elektromagnetischen Feld über der Gehirnrinde schwebt.

Man kann das sehr leicht nachvollziehen. Man lokalisiert seine Position, empfindet sich aber jetzt hinter seinem Kopf, vom Scheitel bis in den Nacken, als wäre man der Vogel oder eine Kapuze oder ein Umhang und erkennt: Ich schau **durch** diesen Körper auf die Welt. Man fühlt sich als lebendiges geistiges Gebilde - mit Flügeln, - wenn man es so will und so denkt. Das ist der erste Schritt für außerkörperliches Bewusstsein und außerkörperliche Erfahrungen.

Wenn man bedenkt, dass mit der Geistesschulung der hermetischen Tradition im physischen Körper ein Geist heranwachsen kann, dem bewusst ist, dass er ist, und der mit der Vorstellung "Ich bin" als Bewusstseinsträger unabhängig vom physischen Körper leben kann, ist das die Antwort auf die Frage nach dem Sinn des Daseins und dem Grund für die Erschaffung der Welt. Galaxien mit Planeten, auf denen Menschen leben, sind eine Brutstätte für den Geist, der sich selbst gestalten und bis zu höchster Vollkommenheit entwickeln kann. Das würde bedeuten, hinter dem Archon, der das Weltall erschuf, steht ein nachhaltiger Schöpfer, der nicht sterben kann, weil er sich selbst recycelt, solange dieses Weltall besteht.

Dass das sich das Universum von Ewigkeit zu Ewigkeit recyceln kann, wie der Nobelpreisträger Roger Penrose meint, scheint sich inzwischen zu bestätigen. Neueste Berechnungen schließen eine ewige kosmische Wiederkehr, also einen zyklischen Kosmos in dem ein Universum auf das andere folgt nicht mehr aus. Was in den Schwarzen Löcher im Kleinen funktioniert kann im Großen genauso funktionieren.

KUNDALINI UND DIE PRAXIS DER MAGIE

Die Geistesschulung der Magie und Mystik hat natürlich nichts mit Astro Physik, Philosophie oder Religionswissenschaft zu tun. Erkenntnisse zur Erlangung von Macht und Kraft findet man auch nicht in verschlüsselten oder geheimen Texten der Logenarchive oder im Erleben eines geheimen nur "Auserwählten" vorbehaltenen Initiationsritual. Es wurde nie etwas verschlüsselt, und es ist auch nichts geheim. Es ist einfach sehr schwer, etwas zu beschreiben, das man nur durch praktische Erfahrung verstehen kann.

Die unbekannten Verfasser der Veden, Upanishaden, der biblischen, quabbalistischen und gnostischen Schriften und die Übersetzer, Autoren und Kommentatoren, die später versuchten, diese schwer verständlichen Texte auszulegen und zu interpretieren, beschrieben, ihrem Wissensstand entsprechend, fragwürdige Inspirationen und Theorien, die ihrer Tradition entsprachen und nicht Erkenntnisse, die aus der eigenen Praxis stammten. Und das ist heute nicht anders. Liest man die neuesten esoterischen Publikationen, ganz gleich, ob sie von gnostisch- philosophischen Tüftlern für die geistigen Eliten akademisch formuliert oder von New Age Gurus für die geistlosen Massen gestrickt wurden, man wird wütend über den verursachten Zeitdiebstahl.

Dabei wäre in der Theorie alles ganz klar: Die Gedanken sind es, die einem die Freiheit nehmen und die Gedanken sind es, die in die Freiheit der Selbstbestimmung führen. Man muss sie bloß ständig im Auge behalten und in der Lage sein, sie zu beherrschen und kontrollieren.

Aber selbst die klaren, verständlichen Anleitungen Bardons haben keine Invasion von Adepten ausgelöst. Die simple Grundvoraussetzung für magische Macht, nämlich die Beherrschung der Gedanken, ist so schwierig, dass die meisten Schüler ein Leben lang damit beschäftigt sind.

KUNDALINI ALS WERKZEUG

Imagination ist das Werkzeug für die Arbeit mit dem Geist. Mit der Imaginationskraft baut und gestaltet sich der Magier die feinstofflichen Organe und Glieder, mit denen er die Urqualitäten der vier Elemente auf allen Ebenen gestalten kann.

Mit Kundalini Shakti kann man das Bewusstsein versetzen, den Atem imprägnieren, Fähigkeiten entwickeln, Eigenschaften ändern, die Willenskraft verstärken und die Entscheidungskraft mobilisieren. Nicht nur die inneren Regungen, auch die äußeren Mächte und Kräfte der Elemente und Urqualitäten kann man mit seiner Vorstellungskraft ergreifen, verdichten, lösen und binden.

Imagination ist der Zauberstab für die Wortmagie. Sowohl der Tantrist als auch der Quabbalist muss in der Lage sein, vierpolig zu sprechen. Das heißt, einen Buchstaben bewusst als Geist akustisch mit einem Ton, visuell mit einer Farbe und gefühlsmäßig mit der Empfindung einer Elemente-Qualität zu imaginieren. Der Quabbalist sagt nicht nur A, sondern imaginiert gleichzeitig die Farbe hellblau, den G Ton, die Empfindung leicht und verlegt die Vorstellungen mit seinem Bewusstsein auf eine der drei Ebenen.

KUNDALINI, DAS ZIEL

In der Magie und Mystik der unterschiedlichen Traditionen und Initiationssysteme geht es immer um das gleiche Ziel:

1. Um das Erwachen in der Wahrnehmung ich BIN.
2. Um die Ausbildung und Kontrolle von geistigen Organen, damit man sowohl die Energien im eigenen Inneren als auch die äußeren Mächte und Kräfte bewusst und gezielt für sein Agieren verwenden kann.
3. Um die Gestaltung eines Bewusstseinsträgers, also eines feinstofflichen Körpers, mit dem man auch im körperlosen Zustand auf allen Ebenen bewusst und willentlich agieren kann.

Dazu bedarf es einer einzigen Fähigkeit: Konzentrierte Vorstellungskraft, um seine Gedanken und damit den Geist, den die Vorstellungskraft formt und den man umgekehrt mit seinen Gedanken formen kann, zu beherrschen.

Die Gestaltung dieses feinstofflichen Körpers ist das wahre Ziel der Übungen im Tantra Yoga und der Beschreibung des Körpers Gottes in der Quabbalah.

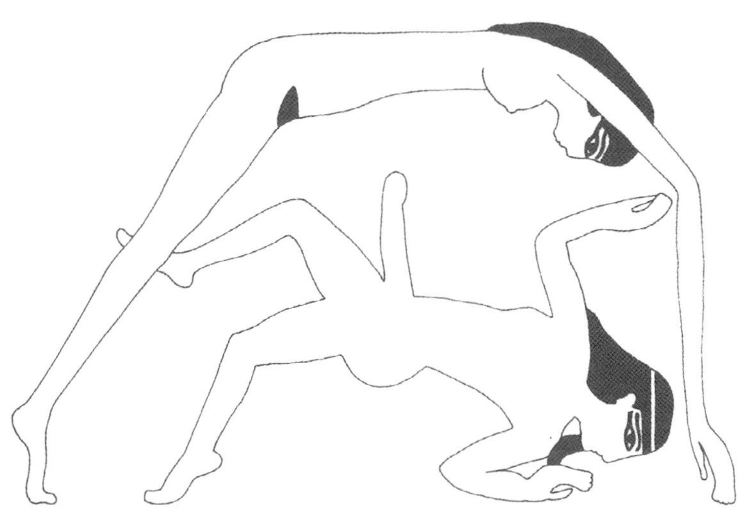

* JCH·BIN·„ES", DER GEPFLANZT HAT DIESEN BAUM DES LEBENS: DIE WELT SOLL SICH AN IHM ERFREUEN · MIT IHM WÖLBTE ICH DAS ALL, AN IHM HÄNGT DAS ALL, VON IHM GEHT DAS ALL AUS, ALLES BEDARF SEINER, AUF IHN SCHAUEN, NACH IHM BANGEN SIE · VON DA GEHEN DIE SEELEN AUS! SCHAUET AUF! DRINGET EIN! LEBT IN SEINER SCHÖNHEIT!

TANTRA YOGA UND QUABBALAH

BARDONS SCHLÜSSEL ZU WAHREN QUABBALAH

Bardon sah im Tantra Yoga die gleiche Technik der Wortmagie wie in der Quabbalah. Er folgte selbst weitgehend den theoretischen Angaben aus dem Sepher Yezira. Darüber hinaus beschreibt er aber, und zwar erstmalig, wie man durch richtiges Aussprechen der im Sepher Yezira für die Gestaltung der Welt zugeordneten 22 Buchstaben selbst wie der Schöpfer schöpferisch wirken kann. Davon wird weder in den Schriften der Quabbalisten noch in den Texten der Tantristen etwas erwähnt.

- "Richtig aussprechen" bedeutet nach Bardon "vierpolig imaginieren", also den Willen, den Intellekt, das Gefühl und das Bewusstsein gleichzeitig auf die mit einem Buchstaben verbundene Vorstellung richten.
- Dazu wird jeder bewusst ausgesprochene Buchstabe mit einer Farbe, einem Ton und einer Empfindung verbunden.

Den Buchstaben A zum Beispiel, den man für alle Angelegenheiten, die mit dem Luftelement zu tun haben, verwendet, imaginiert man in der Farbe Hellblau, mit dem G Ton und mit der Empfindung der Leichtigkeit. Damit kann man, laut Bardon, zum Beispiel die Leistungen des Verstandes bei sich oder anderen verbessern. Der Buchstabe M, der dem Wasserelement zugeordnet wird, wird mit der Empfindung kalt, still, in der Farbe Grün und im D Ton imaginiert, usw. und so hat jeder Buchstabe eine Farbe, einen Ton und eine Empfindung, die einem der vier Elemente entspricht.

Bardons Quabbalah beschreibt, wie man mit Buchstaben, die man mit vier unterschiedlichen, gleichzeitig imaginierten Frequenzen ausspricht, den Geist bewegt, also schöpferisch magisch wirken kann.

Ein Freund von der Humboldt Universität bestätigte mir, dass es Forschern in Israel gelang, mit bestimmten Frequenzen die DNA von Viren und damit deren Eigenschaften zu verändern. In Dänemark imprägniert eine Firma Holz nicht mehr mit Chemie, sondern macht es mit Schallwellen haltbar. Dass Töne Glas zerspringen lassen, ist allgemein bekannt. Dass auch imaginierte Frequenzen, also die geistig vorgestellten Töne, Farben und Empfindungen ebenfalls, und zwar auf der geistigen Ebene, etwas bewirken können, wäre da kein Wunder.

Die Buchstaben werden dafür zuerst in der ihrem Element entsprechenden Körperregion imaginiert. Das A, das nach Bardon und dem Sepher Yezira dem Luftelement entspricht, im Brustraum. Das M, dem Wasserelement entsprechend im Bauchraum. Das SCH, dem Feuerelement zugeordnet im Kopf, usw. Wer das beherrscht, verlegt dann die Buchstaben in die ihnen zugeordneten Körperorgane. Auf diese Weise wird ein mentaler Körper imaginiert und aufgebaut, der vermutlich auch im körperlosen Zustand das Bewusstsein trägt und handlungsfähig macht. Wer dann, mit einem solchen Geistkörper ausgestattet, einen Buchstaben richtig ausspricht, schafft tatsächlich wie ein Gott aus sich selbst (und nicht wie ein Magier aus vorhandenen Mitteln) eine neue Realität.

DIE CHAKREN ALS FEINSTOFFLICHE ORGANE

Bevor Bardon den Schlüssel zur wahren Quabbalah beschrieb, war nur wenigen bewusst, dass sich der Tantrismus und die Quabbalah auf die gleichen Mysterien beziehen. Die quabbalistischen Schriften beschreiben zwar, wie die Welt und der Körper Gottes gestaltet wurde, aber nicht, dass sich auch der Mensch einen analogen feinstofflichen Körper mit Organen und Gliedern gestalten und damit schöpferisch wirken kann.

Das geht auch aus den Übungen im Tantra Yoga nicht hervor. Sie folgen zwar ähnlichen Mustern; es werden Vorstellungen von den Ausdrucksformen der fünf Elemente in Form der Chakren imaginiert. Es werden die besonderen Eigenschaften von den damit verbunden Göttern vergegenwärtigt, und es werden Eigenschaften und Sinnesempfindungen mit Buchstaben verknüpft, verinnerlicht und als Zentren oder Blütenblätter zu einem bewusstseinstragenden Körper zusammengefügt. Der Sinn bleibt jedoch unverständlich und abstrakt. Einzelne Buchstaben werden zwar mit Eigenschaften von Göttern oder mit Zentren oder Blütenblättern im Körper in Verbindung gebracht, aber wie man sie dann mit dem solchermaßen gestalteten Körper richtig ausspricht, um etwas zu bewirken, wird nicht erklärt.

Die überlieferten Texte sind verwirrend. Vermutlich wurden unterschiedliche Übungen für unterschiedlich fortgeschrittene Schüler zusammengefasst oder aus dem Zusammenhang gerissen, so dass sich die Arbeit mit den Elemente - Eigenschaften der Chakren oder mit der Kundalini Energie in der Wirbelsäule oder mit der sexuellen Stimulation zur Askese auf unsinnige Weise verselbständigten. Die Zielvorstellungen wurden auf physische Phänomene und Fähigkeiten verlegt, obwohl es sich um rein mentale Vorgänge handeln soll.

Wenn man nicht mit der indischen oder hinduistischen oder tibetischen Tradition aufgewachsen ist, gibt es keinen Grund, den Weg des Tantra Yoga zu gehen, da Bardon den "Weg zum wahren Adepten" viel besser beschrieben hat. Bardon erklärt bereits im 1. Buch den Vierer-Schlüssel, der im Tantra System mit dem Muladhara Zentrum dargestellt, aber für die Praxis nicht entschlüsselt wird. Damit lernt der Schüler die den vier Elementen zugrunde liegenden Eigenschaften der Urqualitäten kennen, beherrschen und systematisch zu gebrauchen. Auch die Chakren sind in ihrer Funktion als Zentren der vier Elemente und Organe und Glieder des feinstofflichen Körpers besser zu erfassen als mit abstrakten Lotosblumen mit Blütenblättern.

Bardons Quabbalah verbindet ganz konkret jeden Buchstaben mit einer Farbe, mit einem Ton und mit einer Empfindung und ordnet sie den entsprechenden Körperregionen, Gliedern und Organen des feinstofflichen Körpers zu. Darüber hinaus beschreibt er ausführlich, welche Mächte und Kräfte und welche Eigenschaften und Fähigkeiten mit den Buchstaben in Verbindung stehen.

Bardon geht in seinem Lehrwerk der Hermetik systematisch und der Reihe nach vor. Im ersten Band lehrt er, wie man die vier Elemente in sich und um sich beherrscht. Im zweiten Band beschreibt er, wie man durch Personifizierung einer Macht und Kraft die Eigenschaften der höheren Wesen nützt. Und erst im dritten Band erklärt er die Quabbalah – nämlich wie man sich mit Buchstaben als Werkzeug einen feinstofflichen Körper gestaltet, mit dem man schöpferisch wirken kann.

Bardons Thesen und Übungen sind damit zielführender und verständlicher als die Anleitungen aller anderen mir bekannten Traditionen und Autoren. Er beschreibt einen Weg, dem jeder folgen kann.

BUCHSTABENMAGIE UND SCHÖPFUNGSPLAN

Trotzdem stellt sich die Frage, ob der Schöpfungsplan tatsächlich mit den von Bardon beschriebenen Buchstaben programmiert und in die Praxis umgesetzt wurde. Denn die verschiedenen Traditionen weisen den Buchstaben jeweils andere Mächte, Kräfte und Eigenschaften zu. Da wäre es ein Wunder, wenn die Angaben aus dem Sepher Yezira und die unterschiedlichen Zuordnungen der Buchstaben im Tantra Yoga trotzdem die gleiche Wirkung zeigen. Dort wird zum Beispiel das A (Evola S 316) dem Feuerelement zugeordnet und mit Hitze und Expansion geübt, Bardon erwähnt, (3. Buch Kapitel Die Tantras) dass die Tantriker das A dem Erdelement zuschreiben, während er selbst (3. Buch Stufe I) das A mit den Qualitäten der Luftelements verbindet.

Es ist aber kein Wunder. Man kann das so erklären:

- Wenn man sich sowohl mit der Quabbalah als auch mit den anders lautenden Formeln der Tantra-Methode tatsächlich einen Bewusstseinskörper gestalten kann, der einen in die Lage versetzt, die geistigen Mächte und Kräfte zu bewegen, dann können es nicht die Vokale und Konsonanten der Buchstaben, sondern nur die Vorstellungen, die man den Frequenzen der mit den Buchstaben verbundenen Imaginationen von Farben, Tönen und Empfindungen zugewiesen hat, sein, welche die gewünschte Wirkung auslösen.

- Werden die Buchstaben auf diese Weise vierpolig ausgesprochen, kann man sie theoretisch an jede beliebige Eigenschaft oder Kraftquelle heften. Das Schriftzeichen und die normale Aussprache von den 22 hebräischen oder den 48 Sanskrit Zeichen bilden dann nur den Behälter für die damit in Verbindung gebrachte "an sie geheftete" Eigenschaft oder Energie.

Diese These schließt nicht aus, dass auch die Frequenzen der physisch ausgesprochenen Vokale und Konsonanten, unabhängig von den Eigenschaften, mit denen ein Quabbalist oder Tantrist sie verbindet, eine kosmische Macht und Kraft repräsentieren oder durch den ständigen Gebrauch in der Alltagssprache einen ganz bestimmten Einfluss auf das Bewusstsein ausüben können.

Die Vokale wirken sich auf allen Ebenen auf eine ganz bestimmte magische Weise aus. Ich kann aus eigener Praxis bestätigen, dass sich mit den unterschiedlich aneinander gereihten Vokalen, Formeln mit drei, vier oder fünf Buchstaben bilden lassen, mit denen man, ganz normal ausgesprochen, erstaunliche Wirkungen erzielen kann. Ich meine damit nicht die viel strapazierte Abraxas Formel der Gnostiker.

Die Vokalformeln sind nach meiner Erfahrung ganz persönliche Werkzeuge, die einem als "Erkenntnis" vermittelt werden. Nicht auf medialem Weg oder durch logische Konstruktion, sondern indem man sie plötzlich erkennt, so als hätte man sich die Formel gerade selbst ausgedacht, oder man bekommt sie im Traum und wacht damit auf. Meine erste Formel aus fünf Vokalen wurde mir als Kind im Traum bewusst, wie ein Kinderreim, mit dem man zaubern kann. Angeblich hat auch Jesus diese "Namen der großen Kraft" gekannt und seinen Aposteln verraten, wie man die sieben Vokale aneinanderreiht. (Mead S 439) Auch Bardon beschreibt

(3. Buch Stufe IX) quabbalistische Formeln, in die phonetisch ausgesprochene Vokale, die keine quabbalistische Macht oder Kraft repräsentieren, eingefügt werden.

DER ASTROLOGISCHE SCHLÜSSEL

Beantwortet wird im nächsten Kapitel auch die Frage, welche Mächte und Kräfte hinter den "quabbalistisch" hervorgerufenen Eigenschaften und Wirkungen stehen. Der kosmische Code beruht auf den Urqualitäten der vier Elemente und deren unterschiedlichen Vermischungen in Form der Eigenschaften der Planeten und Tierkreiszeichen und deren Verbindungen untereinander. Aus den Angaben im Sepher Yezira geht klar hervor, dass zur Gestaltung der Welt und des Menschen 3 Buchstaben mit den 4 Elementen, 7 Buchstaben mit den Planeten und 12 Buchstaben mit den Tierkreiszeichen verbunden wurden. Der Astrologiekundige kann sich damit die analogen Eigenschaften vergegenwärtigen und die unterschiedlichen Qualitäten und Gestaltungsmöglichkeiten, die sich durch Zusammenfügen von Buchstaben, also durch die Kombination von Elementen, Planeten und Tierkreiszeichen ergeben, nachvollziehen.

Der astrologische Schlüssel erschließt auch die Mächte und Kräfte, die hinter den Archonten, Göttern und Engeln stehen, die in den unterschiedlichen gnostischen Schriften der unterschiedlichen Traditionen beschrieben werden.

SINN DER SCHÖPFUNG?

Bleibt die Frage, ob denn Bardons Weg zum wahren Adepten – oder irgendein anderer – tatsächlich zur Vervollkommnung von Geist und Seele führt. Mit dem Besitz der Gnosis und den Fähigkeiten der Quabbalisten oder Tantristen wäre aus einem Affen ein körperunabhängiges, Raum und Zeit erfassendes, gottgleiches Wesen geworden.

Das würde den Sinn des Universums erklären: Planeten, auf denen ständig neue, bewusst agierende Wesen nachwachsen. Was man als Gott bezeichnet, könnte sich auf diese Weise von Ewigkeit zu Ewigkeit am Leben erhalten. Die Nichtinitiierten füttern mit ihren Vorstellungen und Emotionen die Götter und Dämonen. Die disziplinierten Fortgeschrittenen gehen in die Sphären ihrer besonderen Begabungen ein und können ihrem Dasein Sinn verleihen, indem sie wie die Genien oder zusammen mit ihnen die weniger entwickelten Wesen auf den jüngeren Planeten inspirieren. Und wenn dann auch nur einer von den inspirierten initiierten Affen den Weg zum wahren Adepten schafft – irgendwann irgendwo im Universum – könnte sich der liebe Gott von Zeit zu Zeit beruhigt aufs Ohr legen, weil er weiß, er wird irgendwann, irgendwo wieder erwachen.

DIE PRAXIS DER QUABBALISTISCHEN TRANSFORMATION

QUABBALAH, EINE MATHEMATISCHE SCHRIFT

Die Quabbalah ist wie eine mathematische Schrift, mit der man alles, was ist, was war und was sein wird, beschreiben und erklären kann. Wird das Geschriebene richtig ausgesprochen – siehe Franz Bardon "Der Schlüssel zur wahren Quabbalah" Bauer Verlag Freiburg, "eingegeben" würde ein Programmierer heute sagen – dann nimmt es Gestalt an und verwirklicht sich.

Für den Laien klingt das phantastisch und kompliziert. Und das ist es auch. Denn selbst ein Informatikexperte, der sich mit Quabbalah beschäftigt, blickt auf Gleichungen, die er nicht versteht. Vermutlich versteht kein Mensch, worum es bei der Quabbalah wirklich geht. Die Sprache der Schöpfung ist so komplex, dass es noch lange dauern wird, bis die Naturwissenschaft und Geistesforschung alles entschlüsselt hat.

Das bedeutet aber nicht, dass man bestimmte Mechanismen der quabbalistischen Programmiersprache nicht nützen kann. Es gibt nämlich einen Code, der manches von dem, was unklar ist, verstehen lässt. Es geht dabei nicht um Formeln, mit denen man Wunder wirkt, sondern um eine Methode, mit der man die Wesenszellen seiner Geist- und Seelenglieder vervollkommnen und in den Griff bekommen kann.

In der Hoffnung, dass auch die nachstehenden Erkenntnisse und Anleitungen, so wie die anderen von mir beschriebenen Transformationstechniken in die Praxis umgesetzt werden können, beschreibe ich die Grundlagen der quabbalistischen Transformation.

DIE QUABBALAH DES FRANZ BARDON

Ich gehe davon aus, dass der Leser bereits mit Franz Bardons "Schlüssel zur wahren Quabbalah" vertraut ist. Dabei wird er bemerkt haben, dass im Übungsteil ein paar Ungereimtheiten festzustellen sind: Die Zuordnung einiger Buchstaben zu den Elementen sind unklar, und ihre Verbindungen mit den Organen sind nicht immer schlüssig. Vermutlich fehlen auch zwei Töne.

Bardon folgt in seinen Ausführungen weitgehend der hebräischen Tradition aus dem Sepher Yezira. Die Angaben in diesem Werk sind jedoch noch verwirrender und die unterschiedlichen Übersetzungen weisen weitere Widersprüche auf, so dass man sich fragt, ob man damit überhaupt erfolgreich arbeiten kann. Vergleicht man dann die Quabbalah der Juden mit der Buchstaben-Mystik anderer Traditionen, wird man feststellen, dass es für die kosmische Sprache kein einheitliches Wörterbuch gibt.

Die semitische Überlieferung unterscheidet sich von der sprachverwandten Sufitradition. Die tibetischen Tantriker weisen, trotz der Nähe zum Buddhismus, den vier Elementen andere Grundformeln zu als die Inder oder die Taoisten. Und erst recht klingt die Quabbalah anders bei den der fernöstlichen Tradition wesensfremden westlichen Kulturen, wie zum Beispiel in der Runen-Mystik der nordischen Eingeweihten, bei den Kelten und Germanen, deren magisches Alphabet aber auch nicht einheitlich überliefert wird.

Es gibt in der quabbalistischen Aussprache Unterschiede, die wir zur Kenntnis nehmen müssen. Der hebräische Quabbalist zum Beispiel bezeichnet das Luftelement mit dem Buchstaben A, der tibetische Tantriker – der mit A die Erde bezeichnet – umschreibt die Luft mit HA, und die indische Tradition evoziert sie mit PAM. Im IT Zeitalter wird man an unterschiedliche Eingabesprachen denken.

- Dass die Quabbalah – trotz der unterschiedlichen Buchstaben und Formeln für die gleichen Mächte und Kräfte – dennoch funktioniert, kann nur bedeuten, dass nicht die Buchstaben, sondern die Vorstellungen, die man mit ihnen verbindet, die Wirkfaktoren sind. Die Buchstaben und Formeln dienen lediglich, wie ein magisches Werkzeug, als Bewusstseinsstütze.

Ein Beispiel mag das verdeutlichen: Für den einen Magier ist das Schwert als Waffe das Symbol seiner Macht und dient ihm als Instrument für das Feuerelement, während der Stab für ihn das Luftelement symbolisiert. Für einen anderen Eingeweihten ist es umgekehrt. Der eine stützt sich mehr auf die kämpferische Überlegenheit seiner Willenskraft und wählt dafür das Schwert als Symbol, während der Stab für ihn in Analogie zum urteilenden Intellekt, der gleich wie ein Stab in sich zwei Pole weise vereint – die Macht seines Geistes symbolisiert und als Werkzeug für das Luftelement dient. Für den anderen, der im Schwert die scharfe, das Wahre vom Falschen trennende geistige Macht des Intellekts sieht, werden die beiden Schneiden des Schwerts zum Symbol eines Instruments, mit dem er das Luftelement beherrscht.

Beide gebrauchen die gleichen Symbole, jedoch für ganz verschiedene Aufgaben. Und trotzdem funktioniert es in der Praxis. Die Mächte gehorchen ihnen, weil den Gegenständen, mittels Imagination, bei der Aufladung und Weihe neben der Kraft auch die entsprechende Eigenschaft, für die feinstofflichen Ebenen sichtbar, einverleibt wurde.

- Auch in der Quabbalah gilt das Prinzip von "Zeichen, Wort und Griff" (Mantra, Tantra, Mudra, siehe "Kyilkhor" in meinem Buch "Die Vier Elemente", Kapitel "Magische Transformation"), also die Regel, dass eine kontrollierbare Wirkung nur dann zuverlässig eintritt, wenn die Ursache auf mehr als einer Ebene geschaffen wurde.

Sogar die im grobstofflichen Körper an das Gehirn gebundene Verstandestätigkeit funktioniert nachweislich nur, wenn mit einer Vorstellung auch eine Empfindung und ein Gefühl verbunden sind. Wissenschaftlich durchgeführte Experimente haben bewiesen - was in Verbindung mit bestimmten Erkrankungen schon festgestellt werden konnte –, dass Intelligenz und Moral nicht mehr funktionieren, sobald man von den Wahrnehmungen die damit üblicherweise verbundenen Empfindungen der Körpersinne abschirmt, weil dadurch auch die daran gekoppelten Gefühle ausbleiben.

Es muss immer mehr als eine Ebene angesprochen werden. Selbst unbewusste Vorgänge basieren auf diesem Gesetz. Der Geruch einer gebratenen Gans löst im Feinschmecker Lust auf Essen, im Vegetarier Ekel aus. Ein Heugeruch weckt Erinnerungen und ruft Gefühle von damals wieder wach; Liebesglück im Heu, oder Angst im Versteck auf der Flucht vor Soldaten. Die Musik von Sibelius löst andere Stimmungen aus als die von Johann Strauß, und war die Musik mit einem Gefühlserlebnis und Ereignis verbunden, wird auch diese Erinnerung wieder geweckt.

- Was der Computertechnik noch nicht gelang – die Hardware des Geistes funktioniert auf mehr als einer Ebene und ermöglicht damit dem Bewusstsein, ohne sich dabei zu verlieren, sich selbst zu betrachten und auch im Fluss der Zeit bewusst zu SEIN und zu agieren.
- Anstelle von Zeichen, Wort und Griff verwendet der Quabbalist Farbe, Ton und Empfindung.
- Was der Magier mit seiner Willenskraft verändert, bewegt der Quabbalist, analog dem Feuerelement, mit dem Licht der Farben.
- Was ein Magier mit den in Formeln erfassten Vorstellungen ausdrückt, bewirkt für den Quabbalisten, analog zum intelligenzhaften Luftelement, der Ton.
- Und was in der Magie die Gefühlsseite physisch spürbar ausdrückt, lösen, quabbalistisch richtig ausgesprochen, die imaginierten Empfindungen der Urqualitäten aus.
- Die damit verbundenen Buchstaben sind eigentlich nur noch symbolische Formen, Bewusstseinsstützen, die – wie die magischen Geräte, – Dolch, Kelch, Stab usw. – ein geordnetes und nachvollziehbares System für die Praxis ermöglichen.

DER KÖRPER GOTTES UND DER KÖRPER DES WACHEN ICHSELBST

Die wahre Quabbalah dient aber nicht allein dazu, um "magisch" schöpferisch zu wirken. Wie schon im Kapitel über die "Magische Transformation" hervorgehoben wurde, bewirkt jede magische Operation zugleich auch die Förderung der persönlichen Macht über die Wesenszellen, die man bei der Arbeit einsetzt, und damit auch über die analogen "Mächte und Gewalten" der Hierarchie. In der gnostischen Hermetik bedient man sich deshalb der Magie in erster Linie, um durch die vorbereitenden Übungen sein persönliches Wesen zu vervollkommnen und den Wesen der Hierarchie anzupassen, und nicht, um die Welt zu verändern oder zu beherrschen.

Wenn man solchermaßen die beschriebenen Transformationstechniken mit einem Geist- und Seelenmuskeltraining vergleichen kann, bei dem man die den vier Elementen analogen einfachen Wesensglieder für das Denken, Fühlen, Wollen und Bewusstsein stärkt und seine Wesenszellen veredelt, kann man mit der quabbalistischen Transformation darüber hinaus ganz gezielt die komplexeren, weiter reichenden Organe und Glieder seines feinstofflichen Körpers, in Analogie zum "Körper Gottes", ausbilden und entwickeln.

Natürlich sind die Organe und Glieder, die man auf den feinstofflichen Ebenen benötigt, mit den Gliedern des grobstofflichen Körpers nicht zu vergleichen. Da ergreift man nicht mit den Fingern, sondern mit dem Begehren. Da bewegen einen nicht die Beine sondern die Neugierde oder die Lust oder die Angst. Aber trotzdem ist es eine Erfahrung, die jeder macht, sobald er sich bewusst im außerkörperlichen Zustand befindet: Man braucht auch jetzt, um sich gezielt zu bewegen und um willentlich zu agieren, entsprechende Sinne, Organe und Glieder.

Die erste Erfahrung wird sein, dass man das, was mit dem Begriff Chakra bezeichnet wird, als Wesensglied erkennt und gebrauchen lernt. Um in seinem Seelengarten oder auf anderen Ebenen etwas anzusteuern oder sich von einem Objekt abzuwenden, genügt nicht allein der Wunsch dazu. Der Vorgang muss durch konzentrierte Imagination in Bewegung gesetzt und gezielt ausgeführt werden. Genauso verwendet man eine Art Mechanismus, wenn man zum Beispiel ein entferntes Objekt aus der Nähe betrachten will. Dieses Wahrnehmungsorgan empfindet man wie ein Zoomobjektiv in der Halsgegend. Will man dagegen auf etwas einwirken, um es zu verändern oder zu bewegen, gewinnt man die dazu nötige Energie, deren grobstofflichen Ausdruck die Taoisten mit Chi bezeichnen, scheinbar über ein Zentrum in der Bauchgegend. Auch die Kraft, um sich selbst zu bewegen, fließt einem aus diesem Seelenorgan im Bauchraum zu.

Trotzdem ist es anders, als man beschreiben kann. Denn bei dem erwähnten Zoomen fährt man zugleich eine Art Fühler aus, mit dem man sich das Objekt heranholt, und wenn man sich oder etwas bewegen will, so hat man gleichzeitig die Empfindung, als würden einem dazu Finger, Füße, Flügel wachsen, oder Antriebsdüsen, obwohl man diese gar nicht sehen kann.

Es scheint, als seien diese Glieder, so wie magische Werkzeuge, nur Symbole eines unsichtbaren Körpers, aber trotzdem als Bewusstseinsstützen erforderlich und zumindest im Ansatz vorhanden. Jeder wird im körperlosen Zustand, je nach Fähigkeit, Reife und Erfahrung am Anfang andere Eindrücke von dem, was ihn umgibt, bekommen und anders darauf reagieren.

***

Das Jenseits ist zwar kein dünneres Diesseits, aber die grobstoffliche Welt ist, gemäß dem hermetischen Gesetz "wie oben, so unten" eine analoge Spiegelung der feinstofflichen Welten. Und der Mikrokosmos unseres persönlichen Wesens ist ein Ebenbild des personifizierten Makrokosmos, auch Adam Kadmon genannt, dessen Glieder die Wesenheiten der Hierarchie sind. Die persönlichen Wesensglieder und Organe der Menschen entsprechen daher dieser kosmischen Hierarchie.

Anders als der grobstoffliche Körper muss der feinstoffliche Körper jedoch auf unterschiedlichen Ebenen gleichzeitig funktionieren. Am ehesten lässt sich das mit dem vegetativen und autonomen Nervensystem vergleichen. Die grobstofflichen Sinnesorgane, mit denen man die irdischen Manifestationen der vier Elemente wahrnimmt, führen die Sinneseindrücke von nur einer Ebene zu. Man sieht mit beiden Augen das irdische Licht des Feuerelements, mit den Ohren hört man die Schwingungen der irdischen Luft, mit dem Geruch und Geschmack erfährt man den irdischen Ausdruck des Wassers, und mit dem Tast- und Gleichgewichtssinn erlebt man die Dichte und Schwere des Erdelements. Jedes Organ entspricht immer nur einem Element.

Auf den feinstofflichen Ebenen ist das anders. Eine Qualität, die man auf einer Ebene als Feuerelement empfindet, kann auf einer anderen Ebene als Erdelement empfunden werden. Im grobstofflichen Bereich vergleichbar mit dem "feurigen" Plasma der Elektronen, die, in größerem Zusammenhang betrachtet, zu Atomen verpackt als feste erdige Materie in Erscheinung treten. Genauso ist das, was man auf der grobstofflichen Ebene als Licht definiert, für den Betrachter aus der feinstofflichen Ebene die dichteste Feinstofflichkeit und daher die Manifestation einer Ausdrucksform seines Erdelements.

Das erklärt möglicherweise, warum Franz Bardon mit manchen Buchstaben zwei unterschiedliche Elemente- Qualitäten verbindet. Nur in der Theorie scheint das ein Widerspruch zu sein. Was geübt wird, gewinnt erst in der Praxis seine volle Bedeutung. Wer im außerkörperlichen Zustand, in seinem persönlichen Seelengarten oder jenseits davon, die Ebenen wechselt, erkennt, welche der Qualitäten dort jeweils zum Ausdruck gelangen. Zuvor jedoch muss man lernen, die Urqualitäten der entsprechenden Elemente, welche die Grundlage des benötigten Organs bilden, zu beherrschen.

Auf der grobstofflichen Ebene genügen vier Sinnesorgane, um die unterschiedlichen Manifestationen der vier Elemente wahrzunehmen und darauf zu reagieren. Doch um sich im persönlichen Seelengarten, und erst recht außerhalb des mit eigenen Vorstellungen und Gefühlen erfüllten Bewusstseinsraumes, auf die unterschiedlichen Eindrücke einstellen zu können, müssen die Organe aus mehrpoligen Wesenszellen gebildet sein. Bau und Funktion des feinstofflichen Körpers sind komplexer als beim grobstofflichen Körper.

***

Es wurde in diesem Buch bereits auf die Planetenorgane eingegangen. Die Anatomie und die Physiologie des Geistes sind noch weitaus komplexer. Je mehr man ins Detail geht, umso vielschichtiger werden die sich formenden Strukturen. Das Bewusstsein hat für jede Ebene eigene Wesenszellen.

Es gibt neben den Vitalen, den Elementaren und Elementalen auch noch die so genannten Planetare, das sind die Wesenszellen der Planetenorgane, und die deren Struktur und damit deren Qualität bestimmenden Zodiakale, das ist der lebendige Stoff, aus dem die Tierkreiszeichen sind. Und es ist anzunehmen, dass auch das für unser Verständnis absolut leere Nichts des allumfassenden Raumes, das bewusstseinstragende Akasha, in Wahrheit eine wunderbare, lebendige Gestaltung in sich birgt. Die gnostische Hermetik steht erst am Beginn der mentalen Genforschung.

- Die wahre Quabbalah, die, als Abbild des Körpers Gottes, dem Makrokosmos und seinen Wesen zugeordnet wird, entschlüsselt auch die Anatomie des Mikrokosmos in Form des menschlichen Wesens.
- Die Buchstaben-Mystik ist nichts anderes als die Wissenschaft der feinstofflichen Genetik, welche die Glieder und Organe des Geistes nicht nur erkennen – sondern in Form einer Buchstaben-Magie auch ganz gezielt ausbilden und gebrauchen lässt. Das ist der Unterschied zwischen der philosophischen Quabbalah aus dem Buche Jezirah und der praktischen Quabbalah des Franz Bardon.

Es ist nicht überraschend, dass die großen Seher aller Kulturen und Traditionen die Hierarchie stets gleich geschildert haben. Besonders beeindruckend sind dabei die Visionen des Emanuel Swedenborg, der bei seinen Wanderungen durch die Sphären die Engelhierarchien in Analogie zu den Körperorganen erlebte.

Er beschreibt zum Beispiel, wie die "Engel-Gesellschaft" der göttlichen Niere dafür sorgt, dass Unreinheiten gefiltert und in niedrigere Sphären ausgeschieden werden, oder wie die Engel des Herzens damit beschäftigt sind, die Lebenskraft, das Licht und die Wärme zirkulieren zu lassen. Dabei meinte er, neben den Engeln auch Geister der Verstorbenen zu erkennen, die, je nach ihrem Wesen, in das analoge Organ Gottes eingingen. Die Übeltäter krampften ihre Seele in Reue und Abscheu im Kot der Gedärme und sorgten so als Peristaltik für den Auswurf des Verdorbenen in der Schöpfung. Die fröhlichen, weltoffenen Naturen wirkten mit den Engeln und Geistern der Lunge, von wo die Kommunikation und der Gedankenaustausch gesteuert werden. Jeder Mensch, so meinte Swedenborg, geht nach dem Tod in das Glied Gottes ein, dessen analoger Eigenschaft er sich im Leben am stärksten zugewendet hat.

Auch Mathers beschreibt in seiner "Quabbalah unveiled" den Körper Gottes, wobei er bestimmte Wesen als Ausdruck seiner sichtbar gestalteten Glieder schildert. Und von Robert Fludd, Jakob Böhme, Athanasius Kircher und Gichtel, um nur einige zu nennen, sind uns beeindruckende Abbildungen überliefert, die, in Analogie zu diesem Körper Gottes, den feinstofflichen Körper des Menschen anschaulich darstellen.

"*Es gibt kein Glied am menschlichen Körper, das nicht einem Himmelszeichen, einem Stern, einer Intelligenz oder einem göttlichen Namen entsprechen würde*"

Agrippa von Nettesheim

DAS SEPHER YEZIRA

Das Standardwerk der Quabbalah, auf das sich auch Bardon stützt, ist das Sepher Yezira. Es zählt systematisch auf, wie Gott mit Hilfe von zehn Zahlen (Sephiroth) und 22 Buchstaben (die Verbindungen zwischen diesen zehn Mächten) die Welt mit ihren Wesen, und als sein Ebenbild den Menschen, mit Körper Geist und Seele schuf. Dabei geht der Verfasser auch auf zwölf Abschnitte der Himmelssphäre und auf sieben Planeten ein. Er weist jedem Buchstaben einen kosmischen Faktor – entweder einen Planeten und einen Wochentag, oder einen Himmelsabschnitt und einen Monat –, sowie ein Körperorgan und eine geistige oder seelische Funktion zu.

- Wie man aber dann – so wie es Bardon beschreibt – die Buchstaben, mit Hilfe der analogen Farben, Töne und Elemente-Empfindungen richtig ausspricht und schöpferisch wirken kann, wird im Sepher Yezira nicht verraten.

Es gibt verschiedene Ausgaben dieses Werkes mit erheblichen Textabweichungen und Hunderte Interpretationen und Kommentare dazu. Ich habe jedoch in keinem der drei mir zugänglichen Übersetzungen eine befriedigende und logische Zuordnung der Buchstaben zu den durch sie erschaffenen Dingen gefunden.

Die Widersprüche, die sich ergeben, wenn man die beim Schöpfungsvorgang mit den Buchstaben verknüpften Planeten, Sternbilder, Organe und Eigenschaften, mit der durch die moderne Astrologie jederzeit überprüfbaren Realität vergleicht, lassen nur einen Schluss zu: Es gibt keine fehlerfreie Überlieferung des Sepher Yezira.

Ich möchte jetzt nicht zu den unzähligen Erklärungsversuchen dieser Unstimmigkeiten noch einen genauso unbefriedigenden Kommentar hinzufügen. Die vom Schatten verursachte Sprachverwirrung hat im wahrsten Sinne des Wortes den Text verdunkelt und lässt eine schlüssige Interpretation nicht mehr zu.

Es ist anzunehmen, dass es, als man im zweiten Jahrhundert

damit begann, die Wissenschaft der Quabbalah schriftlich aufzuzeichnen, vermutlich gar keinen Eingeweihten mehr gab, der eigene praktische Erfahrungen gesammelt hatte. Erst durch Bardons Werk wurde der wahre Sinn dieser komplexen Wissenschaft erklärt:

- Die Quabbalah beschreibt nicht nur den Bauplan der Welt und den Körper und die Glieder des Schöpfers, sondern auch die Anatomie und Physiologie von Geist und Seele der Geschöpfe. Und sie erklärt auch, wie man - so wie der Schöpfer die Schöpfung - seinen feinstofflichen Körper bauen, gestalten und beherrschen kann.

Dass auch im körperlosen Zustand Glieder und Organe notwendig sind, merkt man spätestens im außerkörperlichen Zustand. Der Geist ist kein nebuloses Lichtgespinst. Ohne die Sinnesorgane des grobstofflichen Körpers werden der Raum und die Zeit anders wahrgenommen. Die feinstofflichen Organe sind auch anders strukturiert. Die Nase zum Beispiel, mit der man bestimmte Eindrücke, welche das Wasserelement der unterschiedlichen Ebenen betreffen, wahrnimmt, sitzt nicht zwischen den Augen und Ohren in einem Gesicht, sondern kann auch wie ein Fühler empfunden werden. Es verdichten und formen sich feinstoffliche Organe immer wieder neu und zwar dort und in Verbindung mit jenen Gliedern, die man für die jeweilige Situation gerade braucht. Damit umzugehen muss man erst lernen.

Dem Laien wird das abstrakt erscheinen. Aber die wahre Quabbalah wird man erst verstehen, wenn man eigene Erfahrungen im außerkörperlichen Zustand sammelt und feststellt, dass die Berichte von Liebe, Licht und Glückseligkeit nicht dem entsprechen, was man tatsächlich erlebt. Erst nachdem man erkennt, wie schwach und unbeholfen man ohne seinen grobstofflichen Körper ist, und wie verwirrt man auf die ungewohnten Eindrücke reagiert, wird man den wahren Wert von ausgebildeten feinstofflichen Organen zu schätzen wissen.

- Denn das ist ja gerade die Königliche Kunst: wirklich frei und unabhängig zu sein von allem, nicht nur von seinem grobstofflichen Körper, sondern auch von dem, was einem im körperlosen Zustand trägt. Auch die bewusstseinstragenden Wesenszellen, die Gedanken und Gefühle sind wie Glieder eines Körpers die man beherrschen muss damit sie einen nicht ihre Ebenen drängen, sondern dorthin tragen, wohin man tatsächlich will.

Ähnlich wie man die Triebe und Regungen seines grobstofflichen Körpers beherrscht und ihre Energien für seine Pläne nutzt, ohne sich von ihnen gegen seinen Willen bewegen zu lassen, kann man lernen, die quabbalistisch bezeichneten Wesenszellen der bewusstseinstragenden Gedanken und Gefühle zu beherrschen, damit sie einem als Glieder und Organe dienen und nicht in ihre Landschaften entführen.

DIE BAUSTEINE DER QUABBALAH

Der Buchstabe, die Farbe, der Ton und die Empfindung sind nur die "Körper" einer Qualität. Diese Vorstellungen sind nur die quantitativen Ausdrucksformen eines Buchstabens, seine Träger, die ihm auf den jeweiligen Ebenen Form verleihen. Man muss auch, für jede Ebene, die entsprechenden Qualitäten, also Fähigkeiten und Eigenschaften, damit verbinden, damit sich das eine durch das andere realisieren kann.

Beim A wären das alle Eigenschaften, die dem Luftelement unterstehen, wie zum Beispiel Leichtigkeit, Gelöstheit, Fröhlichkeit, Klarheit, Einsicht, Wachheit, Optimismus usw.

- Das gedachte oder ausgesprochene A ist, nach Bardon, für geistige Angelegenheiten im G-Ton und mit der Imagination von Klarheit, Wachheit, Weitsicht und allen anderen mentalen Eigenschaften der Luft zu erleben,

- für seelische Belange ist die Vorstellung nicht nur mit Blau, sondern auch mit dem Gefühl der Hoffnung und Fröhlichkeit,
- und für den Lebensleib und alle grobstofflichen Manifestationen mit der Empfindung der Gelöstheit, Leichtigkeit und Bewegbarkeit zu verbinden.

Die Übung der Buchstaben in den grobstofflichen Gliedern und Organen dient dabei am Anfang weniger dazu, diese zu beleben oder, in Analogie dazu, solche für das Leben auf den feinstofflichen Ebenen nachzubilden, weil diese dort nötig wären, sondern vorerst einmal um das Gefühl einer räumlichen Ordnung zu schaffen.

In dem vielschichtigen kosmischen System, das aufgrund seiner komplexen lebendigen Zusammenhänge für unser Verständnis nicht anschaulich dargestellt werden kann, ist der menschliche Körper mit allen seinen Funktionen einfach die idealste Ausdrucksform für die Ordnung und das bewusstseinstragende Leben in diesem Sonnensystem. Die Übungen des Franz Bardon bezwecken, dass sich diese feinstofflichen Glieder und Organe bilden, aber dort, wo sie noch nicht ganz ausgebildet sind, erfüllen – auf eine allerdings primitivere Art – die Organe der vier Elemente, die ihren Sitz in den Vier Körperregionen: Kopf, Brust, Bauch und Beine haben, deren Funktion.

So werden anfangs nur die den vier Elementen analogen Sinne des Geistes, die Chakren, in Erscheinung treten und diese, den Urqualitäten entsprechend, die anderen Funktionen der noch nicht ausgebildeten Organe übernehmen.

Man wird also auf den feinstofflichen Ebenen nicht gleich mit seinen geistigen Augen sehen können, sondern gebraucht dazu erst das Organ des Luftelements, welches am obersten Bereich des Brustkorbes in der Halsgegend sitzt und bereits durch die Elemente-Übungen in den vier Körperzonen verdichtet wurde. Erst nach und nach werden sich alle Organe und Glieder ausbilden, und dann muss man noch lernen, sie auch zu gebrauchen.

DIE 22 BUCHSTABEN

Die hebräische Quabbalah bezeichnet diese erste Urform des Daseins mit den Buchstaben A, M und SCH, den drei "Müttern", und beschreibt dann die sieben "doppelten" und die zwölf "einfachen" Buchstaben des hebräischen Alphabets in Verbindung mit weiteren Organen und Fähigkeiten.

Die drei Mütter umfassten aber anfangs noch nicht das, was wir heute als Elemente bezeichnen, sondern, in Analogie dazu, für das A die Mentalebene als ersten "Hauch" Gottes (im Hebräischen wird das A stimmlos ausgesprochen), für das SCH alles Energetische, Aktive, einschließlich Feuer und Licht, das, von der jetzigen menschlichen Erkenntnis aus betrachtet, dem Bewegungsdrang der Elementare auf der Astralebene entspricht, und für das M das Leben, das, in Form der Vitale, Bewusstseinsträger für die grobstoffliche Ebene schuf. Das Erdelement ist dann die Vereinigung dieser drei Prinzipien zu einer neuen Einheit auf einer dichteren Ebene.

Hermetisch gesehen werden daher, in Analogie zum Schöpfungsvorgang, zuerst die den beiden Fluiden entsprechenden Wesenszellen, die aktiv elektrischen "Mächte des Lichts" im SCHin, und die passiv formbaren "Wasser der Finsternis" im Mem, durch das aufgrund seiner Qualitäten wie Ungebundenheit, Vernunft und Erkenntnis vermittelnde und verbindende Aleph ins Gleichgewicht gebracht und zu Organen verdichtet.

Die drei "Mutter-" Buchstaben regeln die Urqualitäten und ordnen die Organe der vier Elemente.

Die sieben "Doppelten" Buchstaben entsprechen den Urformen der planetaren Energien, die sich in den Strömen der Elementare ausdrücken und zu den Planetenorganen zusammenfassen lassen.

Und die zwölf "Einfachen" Buchstaben bilden die so genannten Zodiakale und deren analoge Geiststrukturen, also die elementalen Ausdrucksformen der zwölf Abschnitte der Sonnenbahn, die sich aus den drei unterschiedlichen Formen der vier Elemente, je nach dem Mischungsverhältnis der Urqualitäten, ergeben.

Vertheile sie
N: 2
J·E·B·sc: Weiß

ABERGLAUBE

Die Praxis der wahren Quabbalah hat also wenig mit den quabbalistisch-philosophischen Überlegungen der jüdischen Mystik, der Gematria und Themuria, und schon gar nichts mit den daraus abgeleiteten Zahlenspielereien und dem Unfug der Charakter- und Schicksalsdeutung aus dem Namen eines Menschen zu tun. Der Hermetiker braucht dazu keine weiteren Erklärungen und wird den Unsinn sofort durchschauen.

Vor den einseitigen Übungen nach Kerning und Kolb hat Bardon bereits gewarnt. Es handelt sich dabei, genauso wie bei Sebottendorfs "Übungen der türkischen Freimaurer", um aus dem Zusammenhang gerissene Fragmente quabbalistischer Exerzitien, die aus der Sufitradition stammen. Auch Meyrink beschäftigte sich eine Zeit lang damit, erkannte aber die Unvollständigkeit und distanzierte sich später wieder davon.

Bardon wies auch auf den Unterschied hin, der zwischen den in der Tantra-Praxis verwendeten Formeln und einem Mantra besteht. Trotzdem finden sich immer wieder Menschen, die nach der von Cuno-Helmut Müller in den Sechzigerjahren propagierten Methode formeln und diese primitive Technik mit Quabbalah verwechseln. Es mag schon sein, dass sich bei einer genügend großen Anzahl von Formeln manchmal Elementale und Volte bilden, aber mit wahrer Quabbalah hat das nichts zu tun. Man darf auch nicht vergessen, dass die meisten dieser Praktiker die Formel nicht aufladen, sondern in der Hoffnung, sich damit möglichst rasch das Leben zu erleichtern, anzapfen. Selbst wenn vereinzelt mit diesen Formeln Erfolge erzielt werden, muss man wissen, dass sich eine solchermaßen aktivierte Kraft automatisch mit einer entsprechenden Macht verbindet, was zwangsweise immer auf Kosten des Betreffenden geht und erfahrungsgemäß Schicksalsschläge auf einem anderen Gebiet nach sich zieht.

Das Mysterium der Quantität und Qualität wurde von Franz Bardon eingehend in der Stufe XI seines Werkes über die Quabbalah behandelt:

- Beim normalen Aussprechen einer Formel, wird, so wie bei der Arbeit mit einem Mantra, zumeist nur der Qualität Ausdruck verliehen, aber dieser keine Kraft zur Realisierung zugeführt. Die dazu nötige Energie muss sich die bezeichnete Macht selbst aus dem Gefühlsbereich des Betreffenden holen. Zumeist geschieht das über geweckte Emotionen, was dann zu einer Schwächung des entsprechenden Elements und des Zauberlehrlings führt.
- Dazu kommt, dass die Buchstaben zumeist falsch ausgesprochen werden und somit nicht einmal eine Analogie zur gewünschten Qualität aufweisen. In der Quabbalah wird ein Buchstabe immer ohne angehängten Vokal ausgesprochen. Also: Mmmm, und nicht Em, und Ph und nicht Pe, usw. Mit einem zweiten Buchstaben wird schon eine Formel gebildet und die ursprüngliche Qualität des Buchstabens abgeändert.

Jede Form der Magie mittels konzentrierter Zielvorstellung ist daher zielführender als eine dilettantisch ausgeführte Pseudo- Quabbalah, zumal die negativen Folgen oft erst nach einigen Jahren richtig zu spüren sind.

Für jene Leser, die sich näher mit der theoretischen Philosophie der Quabbalah auseinandersetzen wollen, empfehle ich, beim Vergleich der deutschen Buchstaben mit den hebräischen nicht die übliche deutsche Umschrift, sondern auch die in dieser Sprache gebräuchlichen Zahlenwerte zu beachten. Bei den Abschriften der von Bardon besprochenen Tonbänder wurde zwar die deutsche Aussprache, aber bei manchen Buchstaben die hebräische Zuordnung verwendet. Und auch Bardon hat in seinem Buch, Seite 102, zum Beispiel Tsade (Zahlenwert 90) - als hartes Z ausgesprochen - mit Sajin (Zahlenwert 7) - ausgesprochen als summendes S - vertauscht und für das deutsche C, das es im Hebräischen nicht gibt, eingesetzt. Das erklärt, warum bei Bardon der rechte Fuß, der im Sepher Yezira diesem Buchstaben zugeordnet ist, fehlt. Der linke Fuß, der dem nächsten Buchstaben Chet (Zahlenwert 8) zugeordnet wird, ist wieder richtig angeführt.

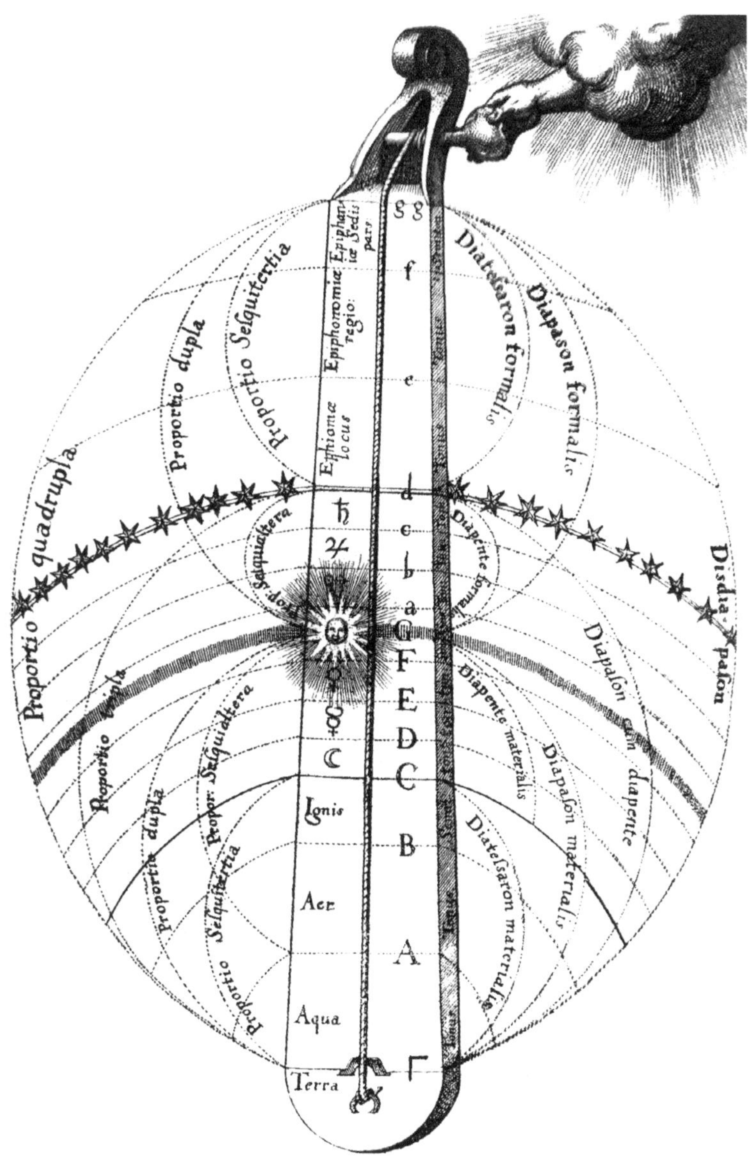
Proportio quadrupla
Proportio dupla
Proportio Sesquitertia
Diatessaron formalis
Diapason formalis
Disdiapason
Sesquialtera
Diapente formalis
Diapente materialis
Diapason cum diapente
Diapason materialis
Diatessaron materialis
Proportio dupla
Propor. Sesquialtera
Proportio Sesquitertia
Ignis
Aer
Aqua
Terra
g
f
e
d
c
b
a
G
F
E
D
C
B
A
Γ

FEHLER IN DEN QUELLEN

Eine Unklarheit, die bisher nur wenigen Lesern aufgefallen ist, betrifft die Zuordnung der Töne. Bardon führt zehn Töne an, durch die die Buchstaben für die Mentalebenen belebt werden. Der E- und Ais-Ton unserer gewohnten Tonskala fehlen jedoch.

Ursprünglich war ich der Meinung, dass dies mit Absicht geschah, da die Zahl Zehn den zehn Sephiroth entspricht, und in der Quabbalah eine grundlegende Rolle spielt. Ich schließe aber nicht aus, dass das ganze doch auf einen Hörfehler bei der Abschrift der von Bardon besprochenen Tonbänder zurückzuführen ist. Die Harmonie, die sich aus dem Verhältnis der Töne ergibt, die auf einer durchgehenden Oktave beruhen, wäre bei Fehlen dieser Töne unterbrochen.

Robert Fludd beschreibt, wie Gott, über vier Oktaven, in die Welt herabstieg, und der in die höheren Grade Eingeweihte weiß, dass der Rückweg nur über die gleiche (Ton-) Leiter möglich ist. Pythagoras fand in der Oktave und dem Monochord den vollkommensten Ausdruck der Zusammenstimmung des Zwiespältigen und erklärt mathematisch, mit Hilfe der harmonischen Tonintervalle, die musikalische Natur der schöpferischen Hierarchie. Auch in allen anderen okkulten Traditionen wird bei den Klangzuweisungen für die Tierkreiszeichen und Planeten stets die ganze Tonskala mit einbezogen. Wer sich damit näher beschäftigen will, studiere die "Harmonikale Symbolik des Altertums" von Freiherr von Thimus und vergleiche mit dem Sepher Yezira, am besten die Übersetzung des Knut Stenring, die auch Mathers für die brauchbarste hielt.

Ich bin kein Musikexperte, aber angeblich gibt es neben der dissonanten Zwölfton-Musik, die aber trotzdem die ganze Tonskala in ihre Kompositionen mit einbezieht, auch eine Zehntonmusik, bei der das E und Ais fehlen. Ich kenne die Zehntonmusik, die der 1960 in Argentinien geborene Osvaldo Antonio Ovejero gründete, nicht und überlasse es dem Praktiker, ob er in den schöpferischen Sphärenklängen das E und Ais heraushört und bei seiner Arbeit verwendet oder nicht.

***

Die scheinbaren Widersprüche bei Bardons Zuordnung der Elemente zu den Buchstaben lassen sich möglicherweise erklären. Bardon betont selbst, Seite 119: "Jeder Buchstabe hat eine, manchmal sogar zwei Elemente-Schwingungen." Dabei meinte er nicht nur das in diesem Zusammenhang hervorgehobene C, Ö, Ü (und das vergessene R).

Die Übungen (Seite 119 bis 123) betreffen die Aussprache der Buchstaben in Form der Empfindung der Elemente, die sich in den vier Körperregionen und in den vier Regionen der 12 Tierkreiszeichen manifestieren. Zum Beispiel Buchstabe H Feuer für Widder, Buchstabe V Erde für Stier, Buchstabe Z Luft für Zwillinge, Buchstabe CH Wasser für Krebs, Buchstabe I Jungfrau Erde usw.

Die Angaben Seite 95 bis 102 dagegen betreffen die Aussprache der Buchstaben in Farbe, sind also ihr Ausdruck auf der Astralebene, zum Beispiel Buchstabe D Rot Feuer für Mars. Buchstabe K Silberblau Merkur Luft. Buchstabe G Grün Wasser für Mond, Buchstabe R Grün Wasser für Venus.

Die mehrfache Elemente-Wirkung einiger Buchstaben lässt sich also mit dem astrologischen Schlüssel erklären. Der Buchstabe für die wässrigen Skorpion Zodiakale muss auch die feurigen Mars-Planetare beherrschen. Und mit dem Buchstaben der feuchtwässrigen Venus regelt man sowohl das Erdige des Bereichs, der dem Stier zugeordnet ist, als auch die luftigen Belange der Waage Angelegenheiten.

Die Mächte und Kräfte der Planeten bilden eine andere Ebene als die Mächte und Kräfte der Tierkreiszeichen und entsprechend unterschiedlich drücken sich auch die Elemente aus. Ich habe das Beispiel bereits gebracht – so wie die Manifestation des Feuerelements auf der grobstofflichen Ebene in Form des Lichts die feinste Schwingung darstellt, aber das Licht, von den feinstofflichen Ebenen aus betrachtet, als feste "Erde" wirkt, können die gleichen Urqualitäten auf unterschiedlichen Ebenen den Schwerpunkt eines anderen Elements bilden.

Je nachdem, auf welcher Ebene die Urqualitäten eines Elements auf ein anderes Element andocken, werden andere Eigenschaften frei. Der feurige Rotanteil des Lichts zum Beispiel, wird auf der mentalen Ebene den Geist aktivieren und munter und selbstbewusst machen, auf der seelischen Ebene dagegen (Selbstbewusstsein nimmt Angst, was beruhigt) aktiviert Rotlicht biochemische Mechanismen, die Stress abbauen und entspannen. Bei Nachtflügen wird deswegen im Flieger auf Rotlicht gedämmt.

Das erklärt, warum nach Bardon manche Buchstaben in zwei verschiedenen Elemente-Qualitäten zu üben sind. Das von Bardon auf Seite 123 nicht angeführte R zum Beispiel, dessen astraler und mentaler Ausdruck mit den Akasha- und Wasserqualitäten zu üben ist, entspricht in seiner elementaren Form auf der grobstofflichen Ebene den Vitalen von Trocken und Schwer und wäre somit in den Beinen zu üben.

***

Auch die Zuordnung der Buchstaben zu den Körperorganen ist schwer zu verstehen. Zum Beispiel die Leber und Milz. Während Bardon mit dem N die Leber und mit dem L die Milz verbindet, ist es im Sepher Yezira umgekehrt. Bekanntlich wird im Sepher Yezira jedem Buchstaben auch ein Sternbild, und zwar das L der Waage und das N dem Skorpion, zugewiesen. Ich zitiere dazu eine Fußnote aus Bischoffs "Elemente der Quabbalah" 1921, Seite 214: "*Nach einer bekannten Midrasch-Auffassung lernte (lernen, lamad; der Buchstabe L heißt hebräisch Lamed) Adam laut Hiob 12, 7 von den Tieren den Beischlaf. Mann und Frau, die diesen ausüben, bilden (siehe vom: 'Soharauszüge' 6. Kapitel) die ,'Waage'. Ins Sternbild der Waage tritt die Sonne im Monat Tischri [der nach dem Sepher Yezira von Gott mittels des Buchstabens L geschaffen wurde; Anmerkung des Autors]. Die Beischläferin spaltet ihrem Liebhaber laut Sprüche Salomonis 7, 23 die Leber, die bei den Alten allgemein als Sitz des Liebestriebes galt, wie bei uns das Herz.*"

Bischoff entschuldigt selbst an anderer Stelle diese krampfhaften Erklärungsversuche: "*Wem diese Versuche einer Gedankenverbindung unvernünftig erscheinen, den bitte ich orientalisch umdenken zu wollen und die mindestens ebenso gewagten Gedan-*

kenverbindungen zum Beispiel im 14. Kapitel der Sohar-Auszüge nachzulesen."

Bei diesen "orientalischen" Gedankensprüngen, die wahrhaft nötig sind, um der Logik des Sepher Yezira zu folgen, kann man es niemandem verübeln, wenn er an der korrekten Überlieferung des Systems Zweifel hegt.

***

Einige Texte der Quabbalah wurden zuerst in Latein oder Griechisch niedergeschrieben und erst danach ins Hebräische übertragen. Dass es dabei zu Übersetzungsfehlern kam, ist kein Wunder, da die Hebräer keine eigenen Buchstaben für die Vokale verwenden. Diese werden (erst in neuerer Zeit) durch Vokalzeichen oberhalb oder unterhalb der Konsonanten angegeben, früher überließ man es überhaupt der Einsicht des Lesers, welche Vokale er jeweils einsetzte. Weiter hat die Ähnlichkeit der Schreibweise einiger hebräischer Buchstaben, wie zum Beispiel des He, des Cheth und des Thet, oder des Vau und des Sajin, oder des Daleth und des Resch, beim oftmaligen Abschreiben und Übersetzen durch Laien zu Vertauschungen geführt. Außerdem hatte jeder Buchstabe neben dem Laut und Zahlenwert einen Namen und eine hieroglyphische Bedeutung. Zum Beispiel (nach Papus): R - Resch - der Kopf des Menschen. B - Beth - der Mund des Menschen. J - Jod - der Zeigefinger. M - Mem - das Weib. N - Nun - eine Frucht. Sch - Schin - Pfeil.

***

Die unterschiedliche Aussprache der verschiedenen Zisch- und Kehllaute, für die es im Deutschen nur das S, K, Ch und Sch gibt, erschwert ebenfalls den Vergleich der beiden quabbalistischen Traditionen. Dazu kommt, dass die Juden heute einige Buchstaben anders aussprechen als vor ein paar hundert Jahren, wobei manche Laute im Deutschen überhaupt nicht verwendet werden und umgekehrt. Das hebräische Taw zum Beispiel, Aussprache wie das englische Th (manchmal auch wie SZ), Zahlenwert 400, dem nach dem Sepher Yezira der Mund zugeordnet wird, fehlt in der deutschen

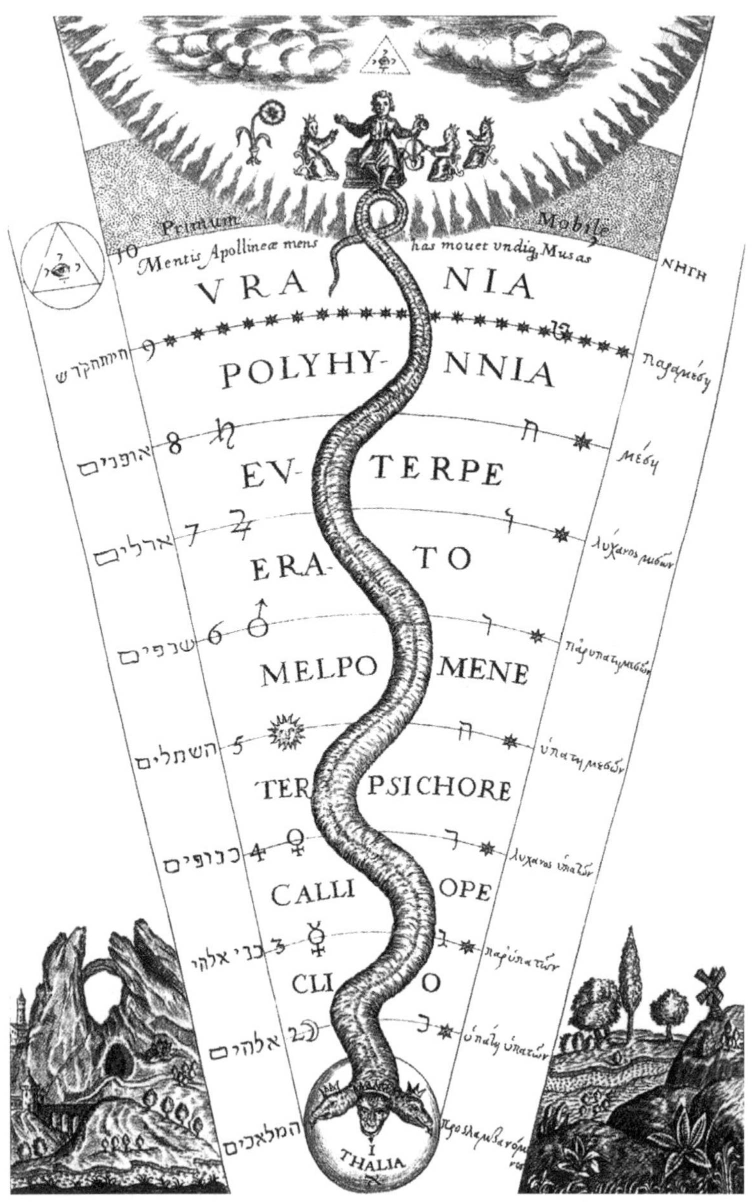
Primum Mobile
10 Mentis Apollineæ mens has mouet vndiq; Musas
VRA NIA
9
POLYHY- NNIA
8
EV- TERPE
7
ERA- TO
6
MELPO MENE
5
TER PSICHORE
4
CALLI OPE
3
CLI O
2
I THALIA
NHTH

Sprache und auch bei Bardon, ebenso wie das Kof, Zahlenwert 100, für das meistens das deutsche Q herhalten muss. Für das deutsche C, darauf wurde schon eingegangen, hat Bardon das Zade bestimmt und ihm, wie in den meisten Sepher Yezira Übersetzungen, den Magen zugeordnet. Außerdem hat Bardon, neben dem hebräischen Jod, Zahlenwert 10, auch dem deutschen I einen Platz zugewiesen und damit auch das Zwerchfell, das im Sepher Yezira fehlt, untergebracht. Desgleichen fehlen im Sepher Yezira das Herz, dem wir das Leben verdanken, die Haut, das größte Körperorgan, das den Tastsinn und die Empfindungen ermöglicht, das Gehirn, die Hoden, Eierstöcke und Drüsen. Bardon hat das Ö und Y, für Hoden, Eierstöcke und Herz, in sein System miteinbezogen.

DIE SINNE FÜR DIE EBENEN

Auf Unverständnis stößt auch die Zuordnung von zwei unterschiedlichen Buchstaben für jeweils ein Sinnesorgan. Zwei Buchstaben für die beiden Nasenlöcher, zwei für die Ohren und zwei für die Augen. Es geht aber nicht um die physische Nase, Augen, Ohren, sondern um die Sinne, die für die Wahrnehmung der Manifestationen der vier Elemente zuständig sind: Augen - Feuer, Licht. Ohren-Luft, Schall. Nasenlöcher - Wasser, Geruch, Geschmack. Der Haut mit dem Tastsinn und der Empfindung für das Schwere, Feste und den haltgebenden Knochen für den Gleichgewichtssinn wurde kein Buchstabe zugeteilt. Statt dessen hat man den Mund dem Erdelement zugeteilt.

Wer außerkörperliche Erfahrungen sammeln konnte, weiß, raus aus dem Körper bedeutet nicht automatisch rein in eine andere Welt. Man erlebt zuerst eine Umwelt, die sich aus den eigenen Gedanken und Gefühlen formt – den sogenannten Seelengarten. Was außerhalb der eigenen Vorstellungswelt liegt, erkennt man vorerst nicht. Für Eindrücke aus anderen Ebenen oder Seelengärten benötigt man entsprechende Sinnesorgane.

Sobald Raum und Zeit nicht mehr zusammenhängen, und sich

die elementaren Ströme mit ihren elementalen Bildgestaltungen, also die Gefühle und die damit verbundenen Vorstellungen, getrennt manifestieren können, ist man (oder die Umwelt) ver-rückt, und man kann wie im Traumleben die Ursache und die Wirkung verwechseln. Man weiß nicht, hat einen ein Gefühl in die gerade erlebte Landschaft getragen oder ein Gedanke und wird die Orientierung verlieren. Von Jesus heißt es bei den christlichen Mystikern, er habe ein linkes Auge, mit dem er Gott anblickt und ein rechtes Auge, damit schaut er auf die Erde.

Während im grobstofflichen Bereich ein Riechorgan genügt, muss man auf den feinstofflichen Ebenen zwischen astralen und mentalen Ausdrücken der vier Elemente unterscheiden können. Möglich, dass dazu zwei Riechorgane, zwei Ohren, zwei Augen hilfreich sind. Aber wie ich später noch erklären werde, handelt es sich bei den Organen, die mit den doppelten Buchstaben bezeichnet werden, nicht nur um Sinne für die Eindrücke durch die vier Elemente-, sondern auch für die Eindrücke der planetaren Welt.

Die zwölf einfachen Buchstaben sind leichter zu verstehen. Denn dass zum Fortbewegen ein vorwärtsdrängender (elektrischer) und ein haltgebender (magnetischer) Fuß und zum gleichzeitigen Austausch im Geben und Nehmen zwei Hände nötig sind, leuchtet eher ein.

Trotzdem kommt es beim Üben der Buchstaben am Anfang nicht auf die anatomisch richtige Konstruktion eines feinstofflichen Körpers an, sondern auf die Fähigkeit, einen Buchstaben mit seinen vier Sinnen auf mehreren Ebenen gleichzeitig auszusprechen.

- Sobald man einen Buchstaben ausspricht, müssen einem, wie bei einem so genannten bedingten Reflex, sofort auch alle entsprechenden Eigenschaften bewusst werden, muss automatisch der Ton erklingen, die Farbe aufscheinen und die Empfindung der analogen Urqualität das Bewusstsein erfüllen. Wer diese Technik tatsächlich beherrscht, gebietet über die elementalen und elementaren Wesenszellen, aus denen sich die Organe und Glieder formen und wird sich auch ohne perfekt gestalteten Körper auf den Ebenen zurecht finden.

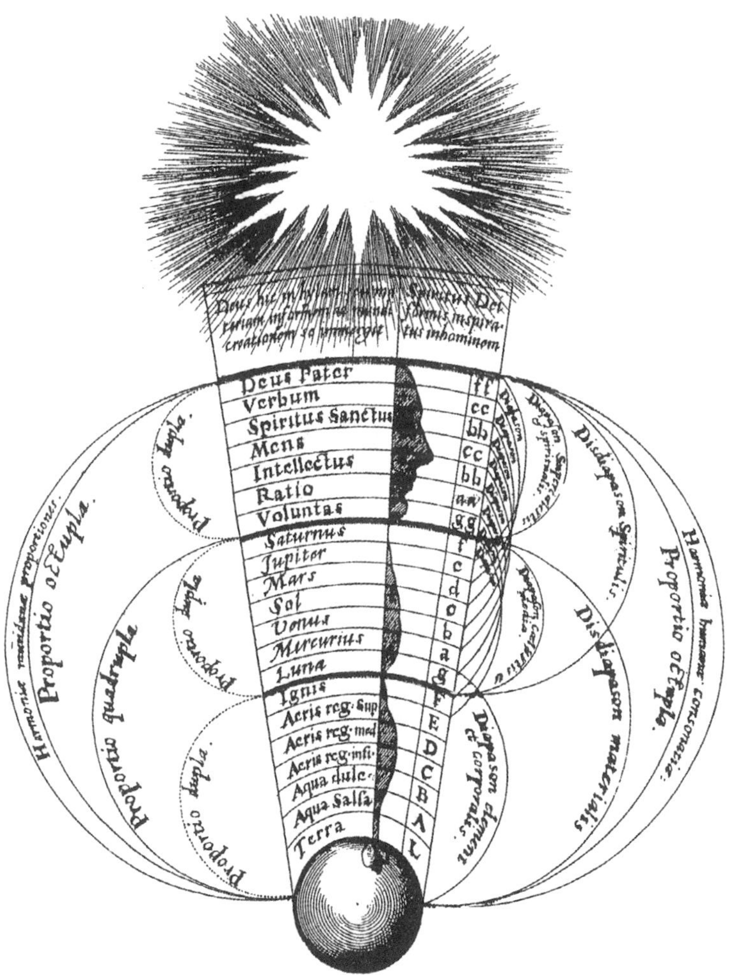

Deus Pater
Verbum
Spiritus Sanctus
Mens
Intellectus
Ratio
Voluntas
Saturnus
Jupiter
Mars
Sol
Mercurius
Luna
Ignis
Aeris reg. sup
Aeris reg. med
Aeris reg. infi.
Aqua dulc.
Aqua Salsa
Terra
Proportio dupla
Proportio dupla
Proportio dupla
Proportio quadrupla
Proportio octupla
Proportio octupla
Disdiapason Spiritualis
Disdiapason materialis

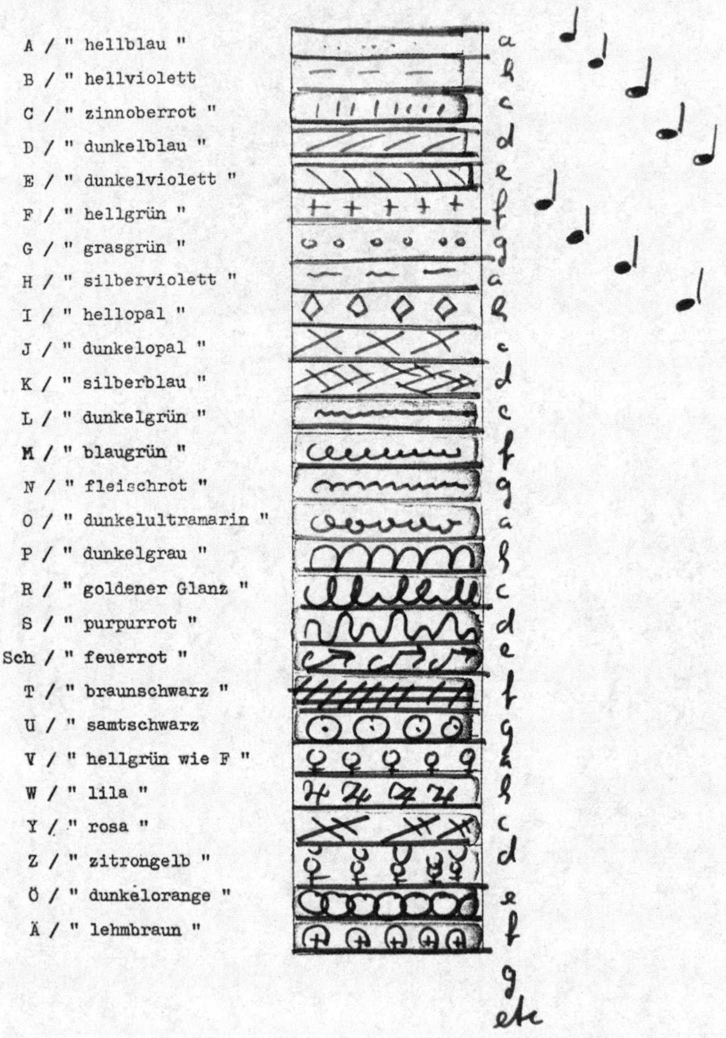

Farbenschwingungen der Buchstaben

A / " hellblau "
B / " hellviolett
C / " zinnoberrot "
D / " dunkelblau "
E / " dunkelviolett "
F / " hellgrün "
G / " grasgrün "
H / " silberviolett "
I / " hellopal "
J / " dunkelopal "
K / " silberblau "
L / " dunkelgrün "
M / " blaugrün "
N / " fleischrot "
O / " dunkelultramarin "
P / " dunkelgrau "
R / " goldener Glanz "
S / " purpurrot "
Sch / " feuerrot "
T / " braunschwarz "
U / " samtschwarz
V / " hellgrün wie F "
W / " lila "
Y / " rosa "
Z / " zitrongelb "
Ö / " dunkelorange "
Ä / " lehmbraun "

DIE QUABBALAH DER ALTEN ÄGYPTER

Dass sich Bardon, trotz aller Widersprüche, am hebräischen Alphabet und nicht an einem anderen orientierte, ist verständlich. So beruht zum Beispiel die tantrische und indische Buchstaben-Mystik auf einem in deutsche Buchstaben schwer konvertierbaren Silbenalphabet, was vermutlich zu noch mehr Unklarheiten geführt hätte und für die Runen gibt es keine einheitliche Überlieferung der nordischen Tradition. Auch die Bildsprache der taoistischen Quabbalah, die auf dem magischen System des I Ging beruht, ist für unser System das auf der Zahl 10 beruht, nicht richtig zu übersetzen. Die vielen krampfhaften Versuche, sie mit unserer hermetischen Tradition in Einklang zu bringen, sind über die bekannten philosophischen und psychologischen Gemeinplätze einer Wahrsagekunst nicht hinausgelangt.

Zweifellos wurde die hebräische Quabbalah nicht nur von der chaldäisch-babylonischen, sondern auch von der ägyptischen Magie geprägt. Es ist nur wenigen bekannt, dass, genau wie das Tibetische Totenbuch, auch die wesentlichen Papyri des ägyptischen Totenbuches ursprünglich keine "Sterbehilfe" bieten sollten, sondern Teil eines magisch-quabbalistischen Lehrwerks waren. Die Anleitungen boten dem eingeweihten Priester eine systematische Schulung zum Aufbau seines Lichtkörpers, mit dem er sich dann im außerkörperlichen Zustand – und nicht erst nach dem Tod – zuerst in den Elementen seines persönlichen Seelengartens und dann auf den weiteren Ebenen bewusst und gezielt bewegen konnte.

Als aber die Priester ihre magischen Fähigkeiten verloren, entartete, wie stets in Zeiten des Niedergangs einer Kultur, das geheime Wissen sehr rasch in Aberglauben. Ein einzigartiger Totenkult entstand. Die einzelnen Organe, deren Lokalisierung im Körper ursprünglich nur für die quabbalistischen Übungen diente, wurden kunstgerecht und ritualgemäß dem Leichnam entnommen und wie dieser einbalsamiert. Die in Fayence modellierten Abbilder, welche ursprünglich den Priestern als Bewusstseinsstützen dienten, um sich die Qualität der jeweiligen Wesensglieder in Erinnerung zu rufen und über sie mit den analogen Mächten und Kräften zu kommunizieren, wurden zu Amuletten degradiert und den Toten mit den Mumienbinden kunstgerecht an bestimmten Stellen auf den Leib gebunden. Man hoffte, damit dem Verstorbenen doch noch die geistigen Organe für das Jenseits mitzugeben.

Auch wenn einige dieser den Organen nachgebildeten Hieroglyphen als Buchstaben dienten, erfüllten sie vermutlich nicht den erwarteten Zweck. Die Geist- und Seelenglieder muss sich jeder selbst gestalten. Die kleinen Augen, Herzen, Ushebtis und anderen Darstellungen der verschiedenen Götter lassen sich aber auch heute noch als "kleine Kyilkhore" (siehe Kapitel "Magische Transformation" in meinem Buch "Die Vier Elemente") in der magischen Praxis einsetzen. Das hat dann nichts mehr mit Quabbalah zu tun, aber da sie ihrem Symbol entsprechend aufgeladen worden sind, kann man sie noch immer als Bewusstseinsstütze verwenden.

- Die Quabbalah dient in erster Linie nicht der Magie, sondern dem systematischen Aufbau eines feinstofflichen Körpers, der nach dem Tod dem Bewusstsein als Bewusstseinsträger dient. Die mit den Übungen geistig nachgebildeten Glieder und Organe des grobstofflichen Körpers ergeben – in Analogie zur Hierarchie der Genien als Körperglieder Gottes – einen neuen vollkommenen Leib als Bewusstseinsträger und Werkzeug für den individuellen Geist. Erst mit diesen Gliedern und Organen kann man quabbalistisch tätig sein.

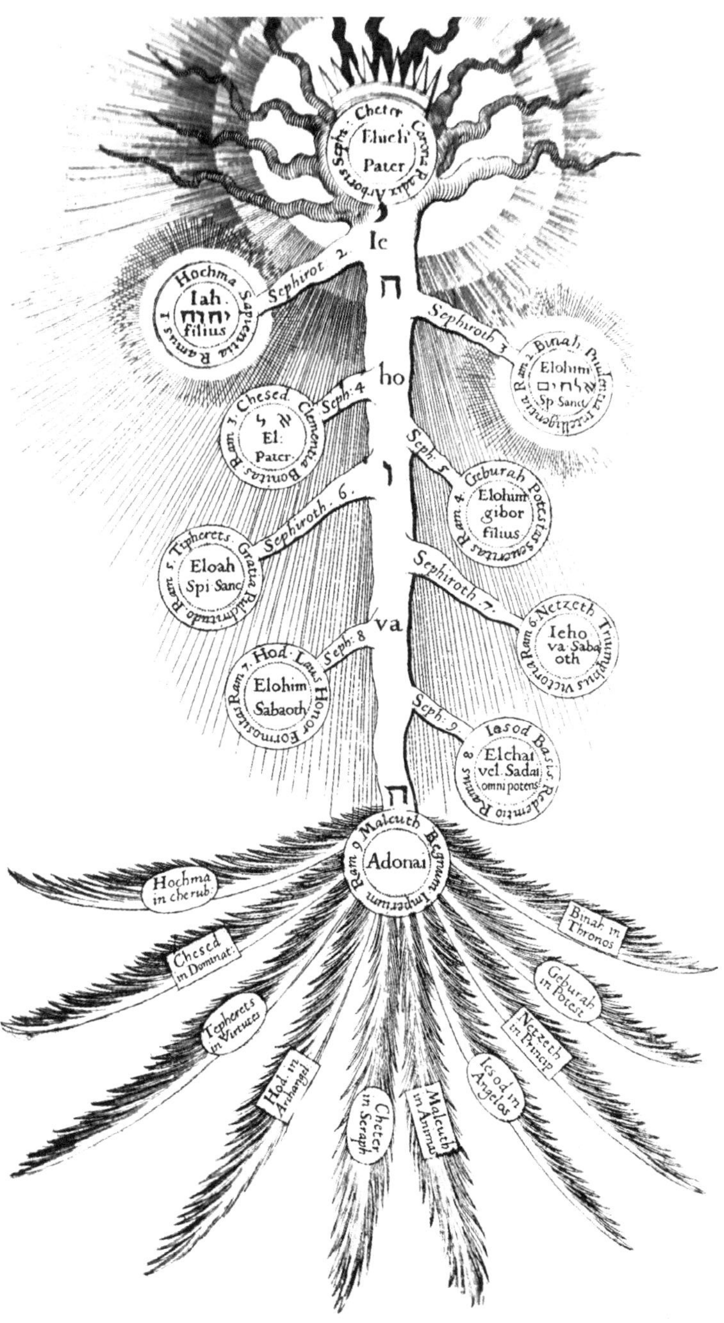
Cheter
Pater
Ie
ח
ho
ו
va
ח
Sephirot. 2.
Hochma Sapientia Ramus 1
Iah.
יהוה
filius
Sephiroth 3
Binah
Elohim
אלהים
Sp. Sanct
Seph: 4
Chesed. Clementia Bonitas Ram. 3.
אל
El:
Pater
Seph: 5
Geburah Potestas Severitas Ram. 4.
Elohim
gibor
filius
Sephiroth. 6.
Tepherets. Gratia Pulchritudo Ram. 5.
Eloah
Spi Sanc
Sephiroth. 7.
Netzeth Triumphus Victoria Ram. 6.
Ieho
va Saba
oth
Seph: 8
Hod. Laus Honor Formositas Ram. 7.
Elohim
Sabaoth
Seph: 9.
Iesod Basis Redemtio Ramus 8
Elchai
vel. Sadai
omni potens
Ram. 9. Malcuth Regnum Imperium
Adonai
Hochma in cherub
Binah in Thronos
Chesed in Dominat
Geburah in Potest
Tepherets in Virtutes
Netzeth in Princip
Hod. in Archangel
Iesod in Angelos
Cheter in Seraph
Malcuth in Animas

QUABBALAH, TANTRA, UND MAGIE

Bei den Unklarheiten in Bardons Anleitungen und den vielen Widersprüchen zwischen den unterschiedlichen Traditionen, Übersetzungen und Autoren stellt sich die Frage, ob, und wie, die Quabbalah in der Praxis funktionieren kann.

Bardon schreibt, dass die überlieferte Quabbalah der Hebräer und die in Indien praktizierten Tantra-Übungen den gleichen Gesetzen folgen. Das würde unsere These bestätigen, dass die verwendeten Buchstaben und Formeln, die ja in beiden Traditionen unterschiedlichen Qualitäten, Mächten und Kräften zugeordnet werden, nicht die eigentlichen Wirkfaktoren sind, die etwas bewirken, sondern, wie jedes andere magische Werkzeug, vom Adepten, (oder, wie im Sepher Yezira beschrieben, vom Schöpfergott) jeweils zusammengestellt, zugeordnet und miteinander verbunden werden müssen.

Buchstabe, Farbe, Empfindung und Ton sind dann feinstoffliche "magische Utensilien", mit denen man direkt auf den feinstofflichen Ebenen etwas auslösen kann. Wenn man dazu ein bereits bestehendes System verwendet, hat das den Vorteil, dass diese geistigen Gegenstände der Macht, aufgrund der bereits bestehenden Zuordnung und durch den Gebrauch der Übenden, aufgeladen und rascher wirksam sind.

Trotzdem ist die indische Tantra-Methode nicht zu empfehlen. Es ist bekannt, dass die Gurus ihre Schüler anwiesen, sich monatelang auf eine einzige Formel zu konzentrieren, was zwar zum Erfolg führen kann, aber sicher nicht im Sinne einer ausgewogenen Geist- und Seelenschulung ist.

Gustav Meyrink, der selbst jahrzehntelang geistige Übungen praktizierte, schreibt zum Thema Tantra Yoga: "*Wer sich mit Tantrikübungen befasst, der wird alsbald Erfahrungen machen, die erstaunlich sind. Ich habe einst selbst solche Dinge erlebt. Wie derartige Übungen beschaffen sind? Aus Schriften über Tantrikmagie ist darüber im Allgemeinen wenig zu erfahren. Hier ein kurzes Zitat daraus: Man stelle sich, nachdem man durch lange Konzentration das innere Sehen erworben hat, loderndes Feuer so lebhaft vor, dass man seine Hitze zu spüren vermeint. Dann stelle man sich vor, dass die sengende Flamme die Silbe "Ram" in Sanskritbuchstaben als äußere Form annimmt. Dabei murmle man diese Silbe beständig in sich hinein. Auf diese Art werden Ram und das Feuer eins und untrennbar mitsammen verbunden,* ***und wenn das eine gesprochen wird, so folgt ihm sofort das andere.***"

Meyrink hat den Wirkmechanismus, der wie ein bedingter Reflex funktioniert, erfasst. Er erwähnt in diesem Aufsatz auch einen Engländer, der sich mit Tantrik-Übungen der Silbe Ram befasste und Opfer eines Feuerbrandes wurde.

Bei solchen einseitigen Übungen kann aus der quabbalistischen Formel RAM ein Mantra werden, das die Wirkung auslöst. Auch machtvolle Elementare können auf diese Weise entstehen. Denn die Schüler wurden angewiesen, mit jeder Formel auch eine bestimmte Gottheit zu visualisieren. Meyrink bemerkt dazu: "*Ein Tantrikyogi, in dessen Bewusstsein bei Übungen irgendeine Gottheit noch eine Rolle spielt, der ist und bleibt ein Sklave.*"

Aber genau das ist das Ziel der Götter, die hinter den indischen Religionen und dem Buddhismus stehen: Die Auflösung des ICH. Während die drei abrahamitischen Religionen des Bibelgottes Unterwerfung verlangen, um in das Himmelreich zu einzugehen, versprechen die fernöstlichen Glaubensformen jenen, die ihr ICH auflösen, ewige Glückseligkeit im Nirvana. Das mag vielleicht für einen sowieso schon ichlosen Sektierer verheißungsvoll sein, aber kein verantwortungsvoller Mensch würde auf sein ICH und die Möglichkeit, bewusst denken, fühlen und agieren zu können, verzichten. Und erst recht kein Adept. Eine gezielte Auflösung des ICH wäre SELBST Mord und Sünde wider den Geist.

Ziel jeder Geistesschulung ist das Gewahrwerden, Erkennen und Erfassen des ICH. Die Selbstfindung in der Wahrnehmung "Ich BIN." Dieses Erwachen ist der erste Schritt auf dem Weg zum wahren Adepten und auch der letzte. Selbst die höchste Gottheit,

das Wesen der Göttlichen Vorsehung, kann sich nur in der Vorstellung ICH BIN bewusst werden und manifestieren.

Dieses Erwachen muss täglich mehrmals bewusst hervorgerufen und bewusst erlebt werden, damit sich das ICH stabilisiert und nicht in seinen Gedanken verliert. Um dieses wichtige Thema noch einmal gründlich auszuleuchten, habe ich auch die beiden letzten Werke der "Magie und Mystik im 3. Jahrtausend" der Öffentlichkeit zugänglich gemacht. ("An der Pforte zur letzten Latern" und "Träumen kann gefährlich sein" Stejnar Verlag Wien)

Solange auf unserem, und vermutlich auch auf einigen anderen missratenen Planeten in diesem Teil des Universums, Dummheit, Lüge, Angst und Mitleidlosigkeit herrschen, wird sich ein wahrer Adept nicht in Glückseligkeit auflösen wollen. Er wird, seinen Fähigkeiten entsprechend, entweder direkt auf der grobstofflichen Ebene, oder aus den Mentalebenen heraus, die Entwicklung und den Fortbestand der Menschen mitgestalten und dafür sorgen, dass der Geist für Wahrheit, Gerechtigkeit und Mitgefühl nicht untergeht.

- Die fromme These, dass ein Allmächtiger, Allgegenwärtiger, Lieber Gott seit Ewigkeiten nach dem Rechten sieht, stimmt so nicht. Jeder Einzelne entscheidet mit, welcher Zeit-Geist durch sein Denken, Fühlen und Handeln gestärkt wird und dadurch Einfluss über die Wesen auf diesem Planeten gewinnt.
- Man muss dazu nicht im Range eines Adepten stehen. Dasein auch für Andere, das Positive in der Welt unterstützen, an sich selber arbeiten, indem man seinen Willen stärkt und sein Bewusstsein festigt, dazu braucht man keine außergewöhnlichen Fähigkeiten.

PORTAELVCIS
Hęc est porta Tetragrãmaton iusti intrabũt p eam.
זה השער ליהוה צדיקים יבאו בו
כתר
בינה
חכמה
גבורה
גדולה
תפארת
הוד
נצח
יסוד
מלכות

QUABBALISTISCHE PRAXIS DER TRANSFORMATION

Stellt sich die Frage: Quabbalah wozu? Lohnt sich der ganze Aufwand? Magische Macht? Wasser in Wein verwandeln? Vervollkommnung von Geist und Seele? Bardons "Weg zum wahren Adepten" (Franz Bardon "Der Weg zum wahren Adepten" Bauer Verlag 1957) ist dazu für den Anfang einfacher und besser geeignet als die komplexe Methode der Quabbalah.

Bardon hat mehrmals erwähnt, dass seine Werke erst in vier- bis sechshundert Jahren richtig verstanden und praktiziert werden. Denn ehe eine Erkenntnis Allgemeingut werden kann, müssen die sie tragenden Elementale von einer größeren Anzahl Menschen denkend vorgezeichnet und mit ihrer Glaubenskraft, aufgrund eigener Erfahrungen, belebt werden. Je mehr Menschen das Gleiche denken und glauben, umso leichter können auch andere das Gedankengut erfassen und verstehen.

DAS LÖSEN UND BINDEN DER VIER ELEMENTE

Das bedeutet, jeder Interessierte muss selber weiterforschen. Nachdenken. Experimentieren. Auch wenn man heute noch nicht alles, was Bardon beschreibt, richtig einordnen kann, bei der Arbeit mit den vier Elementen wird die Technik, auf der die Quabbalah beruht, bereits für den Anfänger hilfreich sein.

Ein Tipp dazu:

- Man kann zum Beispiel, in Verbindung mit den Übungen zum Er- und Begreifen der vier Elemente in der Stufe IV und V auf dem "Weg zum Wahren Adepten", jedem Element, neben seiner Farbe und der Empfindung der Urqualitäten, auch einen Buchstaben zuweisen.
- Beim Üben mit dem Feuerelement wird man dann, neben der Hitze, Expansion und der Farbe Rot, auch den Buchstaben SCH

imaginieren. Das gibt eine Bewusstseinsstütze mehr und erleichtert die Arbeit mit der Macht und Kraft des Feuerelements. Das gleiche gilt natürlich auch für die Eigenschaften der Elemente Wasser, Luft und Erde, die man, der quabbalistischen Tradition entsprechend, mit den Buchstaben M, A und Ä verbindet.

- So wie man mit seinen magischen Utensilien eine bestimmte Idee verbindet und diese, sobald man den Gegenstand in die Hand nimmt, damit gebietend zum Ausdruck bringt und realisiert, dienen einem dann die Buchstaben wie magische Werkzeuge oder magische Gesten, mit denen man eine bestimmte, damit verbundene, Elemente-Eigenschaft oder Wirkung hervorrufen kann.

DAS FLEISCH VON GEIST UND SEELE

Die Technik funktioniert auch bei der Arbeit an sich selbst. Wer Bardons Weg zum wahren Adepten folgt und seinen Geist und seine Seele vervollkommnen will, der kann, mit Hilfe der vier den Urqualitäten der Elementen zugewiesenen Buchstaben, seine Eigenschaften leichter ins Gleichgewicht bringen. Er wird, seinem Wesen und seinen Bestrebungen entsprechend, die gewünschten Eigenschaften, Vorstellungen und Fähigkeiten mit dem für das jeweilige Element vorgesehenen Buchstaben im Bewusstsein fixieren.

Man wird dazu die Buchstaben nicht, wie bei den quabbalistischen Übungen, in die zuständigen Glieder und Organe verlegen. Es hat gar keinen Sinn, die einzelnen feinstofflichen Organe gezielt auszubilden, solange man die sie prägenden Mächte und Kräfte der Urqualitäten noch nicht kennt und beherrscht. Es würde höchstens ein astraler Frankenstein als Schatten seines unvollkommenen SELBST entstehen.

Trotzdem bewirkt auch diese einfache Methode den Aufbau und Erhalt des feinstofflichen Körpers, weil sich, durch die Bewusstmachung und Aktivierung der geistigen und seelischen Eigenschaften, entsprechende feinstoffliche Wesenszellen bilden.

Auch die Glieder und Organe des grobstofflichen Körpers bestehen aus bestimmten Zelltypen – die Leber aus Leberzellen, die Knochen aus Knochenzellen, die Haut aus Hautzellen usw., – die miteinander kommunizieren und die Funktion der Leber, der Knochen, der Haut usw. erst ermöglichen. Die Wesenszellen der Glieder und Organe des feinstofflichen Körpers sind die Manifestationen der Urqualitäten – in Form der persönlichen Eigenschaften und Fähigkeiten, einschließlich der Gedanken, Gefühle und Interessen - die man mit Buchstaben bezeichnen kann.

Die Übung mit den drei Buchstaben A, M und SCH, sie werden als erste Manifestationen der vier Elemente die "Drei Mütter" genannt, stärkt auch das Bewusstsein, das sich automatisch aus dem Zusammenwirken der Urqualitäten von Feuer, Wasser und Luft als viertes Element im Ä manifestiert.

DER BUCHSTABE SCHin

Ganz gleich, ob Magie, Beschwörung oder Quabbalah, ganz gleich wie, und auf welcher Ebene man etwas bewirken will, ohne Energie geht nichts; Nicht das Handy, nicht das Auto, nicht die Arbeit mit dem Geist.

- Man benötigt Energie und diese Energie ist die Kraft, die sich im Buchstaben Schin entlädt.
- Es gibt nur diese eine Energie, die sich in den unterschiedlichen Ausdrucksformen der Urqualitäten, der Elemente und der kosmischen Strukturen manifestiert.
- Diese Energie ist im Universum, in den Genien und in den menschlichen Wesen. Jeder hat die Energie in sich. Nicht nur in Mut und Übermut oder in Lustbegehren und Zorn, auch in der Faulheit, Feigheit und Angst steckt sie drin. Denn auch die hemmende Kraft ist Energie.
- Und es gibt nur eine Möglichkeit, diese Energie für sich zu gewinnen: Nämlich indem man sie seinen unerwünschten Regun-

gen entzieht. Jeder kann durch Überwindung der Sucht, der Faulheit, der Feigheit und Angst die Energie des Buchstaben Schin gewinnen.

- Die hieroglyphische Bedeutung des Buchstaben SCH ist der Pfeil. Man kann einen Pfeil abschießen, man kann selber ein Pfeil sein, und man kann einen Pfeil abfangen, bevor man verwundet wird.

DER BUCHSTABE Mem

Das M wird bei Bardon mit dem Wasserelement verbunden. Es ergibt sich aus den Urqualitäten Feucht, also fluidal, leicht, flüssig - und Kalt, also passiv, still und unbewegt. Im Sepher Yezira dagegen steht das M auch für die "Wasser der Finsternis", das unten ist, während der Geist des Himmels das Licht der Erkenntnis und des Feuers darüber schwebt. Durch weitere Verdichtung des Wassers (Hinzufügung von Trocken, also der Schwere, bildete sich dann die Erde). "Den Buchstaben M machte er zum König über das Wasser. Er setzte ihm eine Krone auf und verband beide miteinander und er formte durch sie die Erde in der Welt, die Kälte im Jahr und den Bauch im Menschen." Auch bei Bardon ist das Erdelement kein eigenes Element, sondern die Verbindung von Feuer Wasser und Luft.

Die Urqualitäten als Bausteine und Bewusstseinsträger

Die Urqualitäten sind quasi die Stammzellen des Bewusstseins. Alle Eigenschaften, sowohl die geistigen als auch die seelischen, lassen sich auf die Urqualitäten Warm, Kalt, Leicht, Schwer und ihre Ausdrucksformen in den vier Elementen zurückführen. Man kann das sehr deutlich an den unterschiedlichen Charakteren der zwölf Tierkreiszeichen erkennen, deren Ursprung jeweils auf dem dominierenden Wesensgehalt eines der vier Elemente beruht.

Für die Arbeit an sich selbst lassen sich auf diese Weise Schwerpunkte oder Schwachstellen des persönlichen Wesens durch Aktivieren der richtig vorbereiteten Buchstaben des betreffenden oder des entgegengesetzten Elements ins Gleichgewicht bringen.

DER BUCHSTABE ALEPH

Da, nach Bardon und dem Buch Jezirah, die Buchstaben A, M und SCH als erste Manifestationen der Schöpfung aus der Akasha Ebene wirken, muss man sich, um sie zu aktivieren, für einen Augenblick auf diese Bewusstseinsebene versetzen. Das bedeutet aber nicht, wie die meisten meinen, Trance, Selbstvergessenheit oder sonst ein spektakuläres, mystisches Erleben, sondern das Gegenteil.

Nur in der wachen Vorstellung "Ich BIN", in der man sich selbst vergegenwärtigt, dass man ist, befindet man sich in seinem Akasha Element.

"Ich BIN!", kann man sich jederzeit in Erinnerung rufen. Es ist nicht einmal notwendig, sich dazu in seinen Übungsraum zurückzuziehen.

- Das Feuerelement zum Beispiel kann man beim Sport, beim Joggen, immer wenn man aktiv, optimistisch, kraftvoll tätig ist, mit dem Buchstaben SCH konzentrieren und bei Bedarf, in Zeiten der Erschöpfung, mit dem SCH wieder entfachen.
- Genauso lässt sich die entspannte Stille des M im Ruhezustand speichern und bei Stress zur Beruhigung durch Aussprechen des MMMM wieder realisieren.
- Die Leichtigkeit des Luftelements lässt sich, wenn man sich fröhlich, frei und ungebunden fühlt, mit dem Buchstaben A fixieren, und man kann negative Gedanken, Zweifel, Schwermut, oder eine Blockierung mit AAA wieder lösen und vertreiben.
- Das gleiche gilt für das Erdelement, das man, wenn man gewissenhaft und konzentriert einer Tätigkeit nachgeht, mit dem Buchstaben Ä verbindet und bei Zerstreutheit, zur Fokussierung mit dem Ä wieder wachruft.

Warum Bardon dem Erdelement das Umlaut A also das Ä, das im Sepher Yezira an keiner Stelle erwähnt wird, zuwies wird einem klar wenn man die Form des A als Sinnzeichen körperlich nachempfindet. Das leichte A, das über den beiden Buchstaben SCH und M schwebt, wird zum tragenden Element, da es die beiden Qualitäten gleichzeitig überblickt und damit verbindet und zusammen fasst.

- Die hieroglyphische Bedeutung des Buchstaben Aleph ist "Der Mensch."

Man kann sich das vergegenwärtigen, indem man sich selbst zum A macht. Oben leicht und gelöst, unten die gespreizten Beine schwer und fest am Boden, im rechten Arm das elektrische Fluid als heißes dynamisches SCH und im linken Arm das kalte, passiv empfangende M. Man empfindet sich als neues Zentrum, das aus den drei Urqualitäten entsteht.

Das ist kein Widerspruch zu der Beschreibung der drei Mütter an anderer Stelle des Sepher Yezira, wo sich oben Schin, das Feuer und unten das Wasser befindet, und das A als verbindendes Prinzip die Mitte einnimmt. Akasha ist raum- und zeitlos. Die Vorstellung entscheidet über den Ort einer Kraft. Die Phönizier zum Beispiel zeichnen das A liegend, da ragt der eine Fuß in den Himmel und der andere liegt unten am Boden, die Spitze, die beide verbindet, ist links in der Mitte.

DAS GESETZ DES GLEICHGEWICHTS

Der schwedische Quabbalist und Hebräischlehrer Knut Stenring (Knut Stenring "Sepher Yetzirah" Helsingborg 1923. Mit einer Einführung von A. E. Waite. Deutsche Übersetzung des Werkes "The Book of Formation" by Rabbi ben Joseph, translated from the Hebrew by Knut Stenring - with an introduction by A. E. Waite. Archiv Hermetischer Texte Wien) erklärt das Mysterium von den Drei Müttern in seiner Übersetzung des Sepher Yezira folgend:

Dieser Vers enthält das grundlegende Gesetz der Quabbalah, das Gesetz des Gleichgewichtes. SCH und M sind ein Waagschalenpaar. In manchen Fällen stellt M das Gute und SCH das Böse dar; in anderen Fällen ist M die Waagschale des Bösen und SCH die Waagschale des Guten. A ist immer der ausgleichende Punkt zwischen den Waagschalen. Das Symbol dieses Punktes ist die Zunge oder der Zeiger der Waagschalen. Wenn ein Finger den Zeiger lenkt, werden auch die zwei Waagschalen gelenkt. Wenn der Finger die Macht des Willens darstellt, so werden Gutes und Böses durch den Willen gelenkt. A ist ein Symbol des Menschen. Wenn er die Macht seines Willens nicht gebraucht, bewegen ihn die Bedingungen der Umwelt, so wie der Zeiger durch die Gewichte der Waagschalen bewegt wird, aber wenn der Mensch die Macht seines Willens anwendet, ist er fähig, die Bedingungen der Umwelt zu meistern, so wie die Waagschalen durch den Finger gemeistert werden, welcher den Zeiger lenkt.

- Die Waage erhellt die Funktion der drei Buchstaben. Die beiden Schalen: SCH aktiv kraftvoll, Urqualität Heiß und die anderer Seite M passiv schwach, Urqualität Kalt, und dazwischen das A, das, aufgrund seiner Urqualität Leicht, neutral und erkennend darüber schwebt.

Die Erkenntnisfähigkeit des A als Zeiger und Messfühler, der das Gleichgewicht wahrt, ist ein eindringliches Symbol für das Bewusstsein und den bewussten Einsatz seines Wollens. Die beiden Füße des A, die das Gleichgewicht halten, die Erkenntnis, die entscheidet, wann es Not tut, das Gewicht von aktiv auf passiv – von zu viel auf weniger – oder umgekehrt – zu verlagern, und die Vernunft, die als Finger oder durch Neigen des Kopfes dem Zeiger die Richtung weist. Dabei kommt es nicht auf einen starken Willen an, die Energie ist ja vorhanden, es kommt auf die Entscheidung an, die man trifft, um sie bei Bedarf in die andere Richtung zu lenken.

Die "Magie und Mystik im 3. Jahrtausend" sieht in Gut und Böse nicht zwei sich bekämpfende Mächte, sondern ein Zuviel oder Zuwenig des Ausdrucks einer Qualität, die in Form einer Macht in Erscheinung tritt.

Die Macht ist in dieser Dreiheit der Urelemente enthalten. Auch die Kraft. Das gilt sowohl für die kosmischen Urqualitäten der Elemente Feuer, Wasser, Luft, als auch für das innere Feuer des Wollens, für das innere Wasser der Gefühle, und für die innere Luft, die in Form von Erkenntnissen und entscheidungstreffenden Gedanken unabhängig darüber schwebt und beide Elemente überblickt. Das A der Erkenntnis entscheidet schlussendlich, wie viel Energie in welche Richtung fließen soll. Daher bedarf es auch keines großen Kraftaufwands, den Zeiger zu verschieben. Die Vernunft und der darauf folgende Entschluss bewegt den Finger und legt den Zeiger um.

Die Ägypter hatten für dieses Mysterium die Figur der Sphinx. Die unbändige Kraft des Löwen mit dem Kopf eines herrschenden Pharao. Der Kopf bestimmt, ob die Energie den animalische Regungen, Leidenschaften und Begierden zufließt oder dem lenkenden Willen, der sich vernunftgetragen dagegenstellt. Die Entscheidung, legt den Hebel um. Das "Sphinx Phänomen" wird eingehend in meinem Buch "Diät -Yoga" beschrieben.

Die christlichen Mystiker beschrieben dieses Fundament des Bewusstseins in Form eines Auges in einem Dreieck, von dem in vier Richtungen Lichtstrahlen ausgehen.

AM ANFANG IST DER GEDANKE

Das Mysterium der drei Mütter ist also nichts Abstraktes. Die drei "Mütter" als Ursprung am Beginn der Schöpfung erlebt man hautnah in jeder Sekunde in sich selbst. Der Beginn jeder Handlung und der Ursprung jeder Entscheidung ist, wie der Schöpfungsbeginn, auf die drei Quellen der Urqualitäten, die sich in Form der vier Elemente in den bewusstseinstragenden Vorstellungen manifestieren, zurückzuführen:

Mehr Luft und Leichtigkeit in einer Vorstellung wird beschwingtes, optimistisches – mehr Feuer dynamisches, spontanes – mehr

Erde konzentriert, überlegtes – mehr Wasser vorsichtig, einfühlsames Handeln bewirken. So wie die unterschiedlichen Proteine in den Molekülen der DNA die unterschiedlichen Funktionen der Bausteine des Lebens bestimmen, bilden die Urqualitäten Leicht, Schwer, Warm, Kalt auf den feinstofflichen Ebenen die Grundlage für die Gestaltung der Bausteine für den Geist.

Deshalb sind die von Franz Bardon empfohlenen Übungen zur Beherrschung der vier Elemente so wichtig. Wer die vier Bildgestalter seiner Gedanken und die vier Energiequellen seiner Gefühle beherrscht, beherrscht nicht nur sich selbst, sondern auch die Mächte und Kräfte, die ihn umgeben.

DIE BUCHSTABEN ALS MAGISCHES WERKZEUG

So wie ein magisches Werkzeug aufgrund der Überzeugung und Imagination dermaßen mit dem persönlichen Wesen verwachsen ist, dass es als persönlicher Wesensteil auch auf den feinstofflichen Ebenen sichtbar wird und das Wesen und die Macht des Magiers zum Ausdruck bringt, so werden die Buchstaben zu Symbolen und Wesensteilen, die man als Instrument seiner Macht verwenden kann. Das geschieht auch, wenn man die Buchstaben nicht in den zugewiesenen Organen und Gliedern übt. Es sind ja alle Vorstellungen und Gefühle Wesensteile, aber nicht alle werden beherrscht und sind damit Ausdruck der persönlichen Macht.

Ist man richtig vorbereitet, wird der Vorgang bald automatisch, wie ein "bedingter Reflex", ablaufen: Sobald man dann zum Beispiel das A, das man mit Eigenschaften des Luftelements verknüpft, im Geiste oder physisch ausspricht, erscheinen diese Imaginationen wieder; sie fallen einem ein, werden einem bewusst und realisieren sich, Ursachen schaffend, wesensverändernd in der Empfindung leicht und gelöst, nicht nur im Geist und im seelischen Stimmungsbereich, sondern auch im Körper spürbar.

Wobei diese Aktion des quabbalistischen Sprechens nicht nur eine Veränderung des persönlichen Wesens bewirkt, sondern gleichzeitig auch auf die entsprechenden Ebenen und ihre Wesen einwirkt. Genauso wie das normale Sprechen die unbewegte Luft in Schwingungen versetzt, und dadurch Vorstellungen, in Worte gekleidet, auch für andere wahrnehmbar macht, Zuhörer bewegt, etwas zu denken, zu fühlen oder zu tun, und man auf diese Weise die Welt verändern kann, wird auch die quabbalistische Sprache das Bezeichnete wahrnehmbar machen und die Mächte und Kräfte im Sinne des Dargestellten verändern.

DIE SÄULEN DER WELT

Dadurch unterscheidet sich der Quabbalist vom Magier: Die Buchstaben sind zwar, genauso wie die feinstofflichen Abbilder der magischen Utensilien, Werkzeuge des Geistes, nur, dass man damit nicht eine Wesenheit beeindruckt und bewegt, etwas zu tun, sondern selbst, die der Wesenheit zugrunde liegenden Urqualitäten mit seinen persönlichen analogen Wesensgliedern ergreift und aktiviert.

Das hat der kundige Quabbalist und vermutliche Urheber einiger Teile des Sohar, Rabbi Schimeon Ben Jochai, im Buch "Idra rabba" (die große Versammlung) gemeint, als er zum Text 5. Mose Vers 32, 1 seinen Freunden erklärte: "*Ich werde weder zu den Himmeln sagen, dass sie aufmerken, noch zu der Erde, dass sie höre, denn wir sind selber die Säulen (also die tragenden Mächte) der Welt.*"

Im selben Soharblatt gibt der Rabbi auch einen Hinweis auf die Gestaltung des als Säule beschriebenen feinstofflichen Körpers, mit dem man, genauso wie die Engel, Genien und Geister, die Schöpfung tragen und mitgestalten kann: "*Da beschloss der Schöpfer, das Gesetz, die Thorah als Weltplan, zu schaffen. Er verbarg sie aber noch zweitausend Jahre. Dann zog er sie hervor. Sogleich aber sprach sie zu ihm:* ***Wer formen und gestalten will, möge sich erst selbst eine Form und Gestalt geben!***" (nach der Übersetzung von Bischoff)

Mehr wird dazu an keiner Stelle der quabbalistischen Schriften gesagt. Erst Franz Bardon hat der überlieferten Quabbalah Sinn gegeben und das "Geheimnis der Geheimnisse" offengelegt und erklärt, wie man das macht.

Bardon beschreibt erstmals, wie man mit Hilfe der Quabbalah, ohne Genien und Geister anzurufen, selbst kosmisch wirken kann, und wie man den dazu nötigen feinstofflichen Körper formt und gestaltet.

Erste Voraussetzung ist, dass man die dafür erforderliche Geistsubstanz, also die Wesenszellen und Grundbausteine für die feinstofflichen Organe und Glieder, **die lebendigen Urqualitäten der vier Elemente, die selber kleine Geister sind**, beherrscht. Das ist erst erreicht, wenn man sich selbst, also die lebendigen Wesenszellen, aus denen die Geist- und Seelenregungen bestehen, beherrscht. Solange man sich von seinen Gedanken, Gefühlen und Körperregungen gegen seinen Willen bewegen lässt, wird weder die Magie noch die Quabbalah funktionieren. Bardon hat das im "Weg zum Wahren Adepten" eingehend erklärt. Die von mir, durch Einbeziehung der Buchstaben, erweiterte Technik, die ich zum besseren Begreifen und Ergreifen der vier Elemente vorschlage, verbindet die Magie mit der Quabbalah.

Auf die gleiche Weise, mit der man durch Zuordnung der Buchstaben zu Empfindungen, Farben und Tönen die Urqualitäten und Eigenschaften der vier Elemente binden, und durch Aussprechen des Buchstabens wieder lösen kann, lassen sich auch die Mächte und Kräfte der Planeten und Tierkreiszeichen mit Buchstaben bezeichnen, konzentrieren und bei Bedarf wieder aktivieren.

Meridies Æstus
Eürus
Auster
Compone Lapidem absque repugnantia.
Separa Terram ab Igne subtili aspisso.
Mane prope Vas, et nota Colores.
Oriens Ver
Occidens Autumnus.
Amor proximi
Cognitio sui ipsius
Timor Domini
Gradus ad
Sapientiam
Aquilo
Zephyrus
Septentrio Hyems

DER ASTROLOGISCHE CODE ALS SCHLÜSSEL FÜR DIE FUNKTIONSWEISE DER QUABBALAH

Von allen okkulten Disziplinen wie Quabbalah, Yoga, Alchemie oder Magie, ist die Astrologie die einzige Lehre, mit der man nachweisen kann, dass es den Geist und die geistige Mächte gibt. Astrologie ist eine empirische Lehre, die auf direkter Beobachtung von offensichtlich kosmisch bedingten Ursachen und deren Wirkung auf das Bewusstsein beruht.

Die Astrologie gehört damit, wie die Meteorologie, zu den erscheinungserklärenden Wissenschaften, die die Existenz von einem Geist, der das Universum erfüllt und das Bewusstsein trägt und damit Zeit und Raum miteinander verbindet, beweist. Statistische Kausalität belegt die Zusammenhänge zwischen astrologisch bedingten Qualitäten im Raum und analogen Qualitäten im persönlichen Inneren.

So wie man die gravitationsbedingte physikalische Krümmung des Raums um die Sterne und Planeten berechnen und durch Beobachtung der Lichtablenkung nachweisen kann, lassen sich die astrologisch bedingten Eigenschaften des Raums, in dem unsere Planeten schweben, berechnen und ihr Einfluss auf die Befindlichkeit und das Verhalten der Menschen beobachten und belegen. Der leere Raum ist nicht leer.

Das Universum ist nicht nur mit Gravitationswellen, mit unsichtbarer "dunkler Energie" und "dunkler Materie" und mit elektromagnetischen Feldern, in denen Handygespräche, Emails und Daten von Filmen schwimmen, erfüllt. Der Raum ist ausgefüllt von einem allgegenwärtigen "Stoff", dem Akasha, der weder Energie noch Materie, sondern Ursprung für den Geist, in Form von Informationen ist. Informationen, die sich als Gedanken, Vorstellungen und Willensregungen im Bewusstsein der Wesen, die dafür empfänglich sind, manifestieren.

Die Astrologie erforscht diesen Geist und den bedeutsamen Einfluss, den dieser auf das Denken, Fühlen und Agieren der Menschen hat. Es ist nicht zu fassen, dass man diese, für die Selbstgestaltung des Lebens so wichtige Wissenschaft, Scharlatanen, Phantasten und Laien überlässt, statt sie als "Wissenschaft vom Geist" auf allen Universitäten zu installieren.

Die Alten studierten mit einfachsten Mitteln die Möglichkeiten, die das Wissen von den geistigen Qualitäten der Gezeiten des Raumes bot und beschrieben die komplexen Vorgänge mit einem Buchstaben- und Zahlen Code, der auf den gleichen mathematischen Prinzipien beruht wie die Elektronenschalen der Atome, der Code des Lebens in den Genen und die Eingabesprache für unsere Computer.

So wie der Rosette-Stein die Entschlüsselung der Ägyptischen Hieroglyphen ermöglichte, erschließt die Wissenschaft der modernen Astrologie die Funktionsweise der Quabbalah. Bardon schreibt dazu:

"***Der Unterschied zwischen einem Magier und einem Quabbalisten besteht darin, dass der Magier die gewünschten Wirkungen den von Wesen herbeigeführten Ursachen verdankt, wohingegen der Quabbalah- Kundige alles durch sein schöpferisches Wort, ohne Unterschied der Sphäre und Ebene bewirkt, ohne irgend ein Wesen in Anspruch zu nehmen.***"

("Der Schlüssel zur wahren Quabbalah" Seite 72)

Die Wesen, die Bardon damit meint und in seinem Werk "Die Praxis der magischen Evokation" beschreibt, sind die Geister der vier Elemente, die Genien der Planetensphären, und die Vorsteher der 360 Grade der Tierkreiszeichen auf der Ekliptik. Es handelt sich dabei um die gleichen Wesenheiten, die die Quabbalah als Mächte und Kräfte in Form der zehn Sephiroth beschreibt.

Damit wird klar, worum es bei der schöpferischen Tätigkeit mit Hilfe der Quabbalah eigentlich geht: Anstelle von Geistern und Genien, ergreift der Quabbalist die dafür nötigen Wesenszellen (die Alten sagten Bausteine dazu) selbst. Die Technik der praktischen Quabbalah besteht darin, die zuvor mittels Farbe, Ton und

Empfindung ausgedrückten und an Buchstaben gebundenen Eigenschaften der ELEMENTE, der PLANETENSPHÄREN und der TIERKREISZEICHEN durch Aussprechen des Buchstabens wieder zu lösen und zu aktivieren.

Wie bereits festgestellt, orientiert sich die Quabbalah des Franz Bardon weitgehend an den Texten des Sepher Yezira, in dem berichtet wird, wie der "Alte der Alten", ein Gott oder Baumeister, die Welt, die Menschen und damit sich selbst gestaltet hat.

- Dieser "Herr der Heerscharen" hat sich (Exodus 3, 14 und Joh. 8,58) mit den Worten: "Eheieh Asher Eheieh" geoutet, was soviel bedeutet wie: "*Ich bin der ich bin*", *oder* "*ich bin der sein wird*" oder "*ich bin der immer Werdende*",
- was darauf hinweist, dass er im Bewusstsein der Menschen in der Vorstellung "Ich bin" immer wieder neu entstehen – und damit nicht vergehen kann.

Mit den 3 Buchstaben der Urqualitäten A, M und Sch brachte er zuerst die Elemente Feuer, Wasser, Luft – und durch deren Verbindung die Erde hervor, um dann, mit diesen Elementen als Bausteine, die Mächte und Kräfte, die hinter den 7 Planeten und 12 Himmelsabschnitten stehen, zu gestalten.

Das ganze Buch Jezirah beschäftigt sich mit diesen Mächten und Kräften, die, genauso wie im Kosmos, auch im Menschen wirksam sind: "3 Buchstaben hat er mit den Elementen, 7 Buchstaben mit den Planeten, und 12 Buchstaben mit den Tierkreiszeichen verbunden."

Die Eigenschaften und Organfunktionen die man vor viertausend Jahren mit den Planeten und mit den Sternbildern (die sich inzwischen verschoben haben) verband, entsprechen jedoch nicht mehr unseren heutigen Erfahrungen und Wissensstand.

Die Versuche Dr. Erich Bischofs zu erklären, wieso bestimmte

Buchstaben mit bestimmten Planeten, Sternbildern und Eigenschaften in Verbindung gebracht wurden, befriedigen nicht. Dazu kommt, dass in den verschiedenen Übersetzungen ungleiche Angaben gemacht werden. Es gibt mehrere Lesarten, die in vielen Punkten voneinander abweichen und unterschiedliche Zuordnungen der Buchstaben zu den Tierkreiszeichen und Planeten. Es würde den Rahmen dieses Buches sprengen und für noch mehr Verwirrung sorgen, würde ich jetzt auf die unterschiedlichen Auslegungen eingehen. Angaben zu den verschiedenen Abhandlungen, Kommentaren und Quellen findet man in der "Einleitung zum Sepher Jezirah" von Arthur Edward Waite, und eine umfangreiche Bibliographie der Quabbalah in Papus "Die Kabbala", Arkana Verlag 1962.

DIE 7 DOPPELTEN BUCHSTABEN FÜR DIE PLANETEN

In den drei mir vorliegenden Übersetzungen des Sepher Yezira (Fußnote: Dr. Erich Bischoff "Elemente der Kabbalah", Hermann Barsdorf Verlag, Berlin 1920. - Papus, "Die Kabbala", Arkana Verlag Ulm 1962. - Knut Stenring, "Sepher Yetzirah", Helsingborg 1923. Mit einer Einführung von A. E. Waite. Deutsche Übersetzung des Werkes "The Book of Formation" by Rabbi ben Joseph, translated from the Hebrew by Knut Stenring - with an Introduction by A. E. Waite. Archiv Hermetischer Texte Wien) werden einige Buchstaben mit unterschiedlichen Planeten, Tierkreiszeichen und Körperorganen verbunden:

D bei Stenring mit dem Mars und dem rechten Ohr, bei Papus mit dem Mars und dem linken Auge, und bei Bischoff mit dem Mars und dem rechten Ohr.

K bei Stenring mit dem Merkur und dem linken Ohr, bei Papus Sonne und rechtes Nasenloch, bei Bischoff Sonne und linkes Ohr.

P bei Stenring mit dem Jupiter und dem rechten Nasenloch, bei

Papus mit der Venus und dem linken Nasenloch, und bei Bischoff mit der Venus und dem rechten Nasenloch.

R bei Stenring mit der Venus und dem linken Nasenloch, bei Papus mit dem Merkur und rechten Ohr, und bei Bischoff mit dem Merkur und linken Nasenloch.

B bei Stenring mit der Sonne und dem rechten Auge, bei Papus mit dem Saturn und dem Mund, und bei Bischoff mit dem Saturn und dem rechten Auge.

G bei Stenring mit dem Mond und dem linken Auge, bei Papus mit dem Jupiter und dem rechten Auge, und bei Bischoff mit dem Jupiter und dem linken Auge.

Th bei Stenring mit dem Saturn und dem Mund, bei Papus mit dem Mond und dem linken Ohr, und bei Bischoff mit dem Mond und dem Mund.

Es gibt mehrere Erklärungen, warum man diese sieben Buchstaben, mit denen man die sieben Körperöffnungen oder auch "Tore" als "Doppelte" bezeichnete: Zum Beispiel, weil es sich jeweils um zwei Öffnungen handelt: linkes Nasenloch rechtes Nasenloch usw. Oder wegen der Aussprache, im Hebräischen ist eine doppelte Aussprache dieser Buchstaben möglich: dalet dhalet, kaf khav usw. also jeweils hart oder weich D T, B P, oder weil die damit bezeichneten Eigenschaften sowohl positiv als auch negativ in Erscheinung treten. Neben den Organen und Planeten wurde den "doppelten" Buchstaben auch sieben gegensätzliche Eigenschaften zugeordnet. Nach Papus: **P**- Bebauung und Wüste. **R**- Anmut und Hässlichkeit. **B**- Leben und Tod. **G**- Friede und Unglück. **Th**- Herrschaft und Knechtschaft. **D**- Weisheit und Torheit. **K**- Reichtum und Armut. (Ich führe nur Papus an, denn auch hier widersprechen sich die Angaben der Autoren.)

Man erkennt, dass es sich bei diesen sieben "Körperöffnungen" nicht um "Tore" für die Eindrücke aus der grobstofflichen Welt, sondern um Wahrnehmungsorgane für die Eindrücke aus den Sphären der Planeten und deren Spiegelungen aus dem persönlichen Bewusstseinsraum handelt. Also um die Wahrnehmung der Gedanken und Vorstellungen, der Phantasien und Stimmungen, der Gefühle von Liebe und Harmonie, des Begehren und Wollen, des Sinns für Erfolg und Moral, für Pflicht und Gewissen und für die Wahrnehmung seines ICH. "Doppelt", weil sowohl die persönlichen Seelenorgane als auch die analogen Sphären der Planetenmächte damit beschrieben werden.

Die physischen Organe für sehen, hören, riechen usw., werden im Sepher Yezira, so wie die anderen Körperorgane Magen, Leber, Niere usw., den "einfachen" Buchstaben, die mit den Tierkreiszeichen verbunden sind, zugeordnet.

DIE 12 EINFACHEN BUCHSTABEN FÜR DIE TIERKREISZEICHEN

Die Zuordnung der 12 einfachen Buchstaben zu den 12 Tierkreiszeichen ist zwar in allen drei Übersetzungen gleich, aber die Verbindungen zu den Körperorganen, Funktionen und Sinne unterscheiden sich auch hier und sind logisch noch schwerer zu begründen.

H Widder: sehen, rechte Hand, (Leber, sprechen.)
V Stier: hören, linke Hand, (Galle, denken.)
Z Zwillinge: riechen, rechter Fuß, (Milz, gehen.)
CH Krebs: sprechen, linker Fuß, (Magen, sehen.)
T Löwe: essen, rechte Niere, (hören.)
I Jungfrau: Beischlaf, linke Niere, (wirken.)
L Waage: handwerken, Leber, (Darm, Beischlaf, linke Hand)
N Skorpion: bewegen, Milz, (Galle, riechen)
S Schütze: zürnen, Galle, (rechte Hand, Leber, schlafen.)
O Steinbock: lachen, Magen, (linke Hand, Milz, Speiseröhre)
Tz Wassermann: imaginieren, Dünndarm (rechter Fuß)
Q Fische: schlafen, Dickdarm (linker Fuß, lachen.)

Mit den 7 Buchstaben wurden auch die sieben Wochentage und die sechs Richtungen des Raums und seine Mitte fixiert, und mit den 12 Buchstaben die zwölf Monate des damaligen Kalenders und die Kreisabschnitte der Himmelssphäre abgesteckt.

Die Töne, Farben und Empfindungen, mit denen nach Bardon die Buchstaben auszusprechen sind, werden im Sepher Yezira nicht erwähnt, auch nicht, dass man auf diese Weise schöpferisch wirken kann.

Bardon macht zwar keine Angaben zu den Verbindungen der Buchstaben mit den Planeten und Tierkreiszeichen, stellt aber am Beginn seines Buches, ("Der Schlüssel zur wahren Quabbalah" Bauer Verlag) die Urqualitäten, die Elemente, die Planeten und die Tierkreiszeichen in Farbe graphisch dar. Aufgrund seiner Zuordnung der Buchstaben zu den Farben, Körperorganen und Empfindungen der Elemente, erkennt man, welche Buchstaben er mit welchen Planeten und Tierkreiszeichen verbindet.

Jede Macht und Kraft in diesem Universum lässt sich, in Analogie zu den Planeten und Tierkreiszeichen und den Elementen, aus denen sie zusammengesetzt sind, erklären. Auch die zehn Gesetze für die Grundlagen der Schöpfung, in der Quabbalah dargestellt als die 10 Sephiroth, spiegeln sich in den Planetensphären und den Sphären der Tierkreiszeichen und lassen sich mit den astrologischen Symbolen erfassen.

DIE 10 ZAHLEN ALS GESETZ

Bardon schreibt in der Stufe VI seines Werkes: "***Zahl ist das Gesetz, Buchstabe die Idee.*** *Ehe der Quabbalist nicht zählen gelernt hat, das heißt in der Lage ist, jede Sache, jede Idee, jede Ursache und Wirkung richtig quabbalistisch in die entsprechenden Grundideen (Eigenschaften der Urqualitäten und Elemente) zu teilen, gehe er ja nicht weiter. Durch eifriges Vergleichen und analoge Schlussfolgerungen lerne er fleißig Zahlenkombinationen auf ihre Ur- Ideen zurückzuführen und ihr Wirken und ihre Gesetzmäßigkeit richtig zu erfassen.*"

Damit hat Bardon keine abstrakten Zahlenspielereien gemeint, auch keine mathematische Philosophie, sondern logische Überlegungen, die zu ganz konkreten Erkenntnissen über den Bau und die Funktion von Körper, Geist und Seele führen.

Zum Beispiel die Macht der Zahl 3: Ein Tisch mit drei gleich langen Beinen wackelt nicht. Das ist so. Das ist Gesetz. Darauf kann man bauen. Die 3 ist die erste Voraussetzung dafür, dass etwas entsteht und nicht zusammenfällt. 3 ist die Grundlage dafür, dass sich etwas Bleibendes realisieren kann. Die 3 manifestiert sich im Prinzip des Saturn, der den Geist und seine Teile konzentriert, festigt, quasi aufzeichnet und fixiert, und damit den Raum und die Zeit erschafft und zusammenhält. Nicht nur den Geist des Bewusstseins, das auf den im Dreieck verbundenen Wahrnehmungen der Gedanken, Gefühle und Körperregungen beruht, auch das bewahrende Gedächtnis und die karmischen Aufzeichnungen des Gewissens im Akasha, werden durch das Prinzip des Saturn fixiert.

Das Gesetz der 3 bestimmt sowohl die verdichtenden Mächte und Kräfte auf den drei Ebenen und allen Sphären, als auch die astrologische Wirkung des Saturn und die Struktur für alle Eigenschaften, die dem Bereich des Tierkreiszeichens Steinbock zugeordnet werden. Aus der 3 quellen die Urqualitäten für die Elemente Feuer, Luft und Wasser und bilden mit den Buchstaben Aleph, Mem und SCHin die Grundlage für das Erdelement: Die Kernkraft, die Schwerkraft und die Verdichtung zum Stoff der Materie, vom Gas der Sonne bis hin zur Bildung der Erde, auf der das Leben entsteht, unterstehen dem Gesetz der Zahl 3, ohne die sich die 4 nicht entwickeln kann.

Die 3 ist die Grundlage für die 4 als neue Realität: Das Gesetz der Realisierung ruht auf dem Prinzip der Zahl 4, dem Code für Ordnung, Assimilation und Wachstum nach Plan. Im anorganischen Bereich der physischen Ebene realisiert sich das Gesetz der Verwirklichung durch die Zahl 4 nur, weil es auf dem Gleichgewicht der 3 "Bausteine" eines Atoms beruht. Es ist kein Zufall, dass die

Protonen, Elektronen und Neutronen genau das elektromagnetische Feld bilden, das das Atom zusammen hält. "*Ohne dieses stabilisierende Gleichgewicht in den Atomen hätte sich die Materie nicht bilden können und die Welt würde nicht bestehen*", erklärte der Astrophysiker Harald Lesch in einer seiner Fernsehsendungen: "*Die Welt ist so wie sie ist, weil sie so ist.*"

Und dass sie so ist, regelt das Gesetz der Zahl 4, das aus dem Zusammenwirken von jeweils drei Prinzipien einen Baustein für eine neue Ebene formt. Die 4 regelt auch die Ordnung der zu komplexeren Systemen zusammengesetzten Moleküle, die das Leben der Pflanzen und die Evolution der Lebewesen ermöglichen.

Mit nur 4 Genen, die sich nur aufgrund einer besonderen Anordnung von jeweils 3 Eiweißmolekülen zu einer Kette aneinander reihen lassen, wird mit dem vielzitierten Genetischen Code seit Millionen Jahren das Leben reguliert. Das Geniale: in jeder einzelnen spezifischen Organzelle steckt auch der Bauplan aller anderen Organe, die zusammen einen funktionierenden Organismus bilden, so, dass sich dieser ständig erneuern, vervielfältigen und dank der gespeicherten Erbinformation weiter entwickeln kann. Bei jeder Zellteilung werden 3 Milliarden Bausteine exakt an die richtige Stelle gebracht. Und auch das ist nur möglich, weil verschiedene Regelkreise, die alle aus 4 Instanzen bestehen, für die Erreichung eines bestimmten Ziels oder für die Aufrechterhaltung eines Zustandes sorgen.

Die quabbalistische Funktion der Zahlen vermittelt ein Bild davon, wie ein Geistesglied das andere bedingt und wie alles auf den drei Ebenen zusammenhängt. Die Gestaltung des Universums in vollem Umfang zu erfassen, erscheint unmöglich zu sein. Aber die Astrologie gibt Einblicke in das komplexe Regelwerk und in die Strukturen, mit denen die Schöpfermächte die zehn Seelenorgane, die das Bewusstsein hervorbringen und tragen, gestalteten.

***

Für die bewusste Gestaltung des Lebens interessieren uns weniger die äußeren kosmischen Prozesse im All, sondern die persönlichen inneren, lenkbaren Vorgänge, zum Beispiel das Hervorquellen eines Gedankens, der Gefühle weckt, oder zu einer Vorstellung kristallisiert, die zum Vorbild und Gestalter einer Handlung wird. Die Vorstellungen, die Gefühlsregungen und die Entscheidungskraft des Willens sind die ersten Bausteine, die der Quabbalist mit der Zahl 3 und den Buchstaben A, M und Sch benennt, damit er sie ergreifen kann.

Es ist nicht anzunehmen, dass die Alten etwas von den 4 Buchstaben des Genetischen Codes, A T G C, oder von den 4 Energieformen im Universum, Kernkraft, Radioaktivität, Elektromagnetismus und Gravitation wussten. Sie wussten auch nichts von dem genialen vierpoligen Aufbau der Atome der notwendig war, damit sich Erze, Mineralien und Moleküle bilden konnten. Aber, und das ist das Erstaunliche, sie kannten die Gesetze für die Grundlagen der Evolution und die Voraussetzungen für die Gestaltung und Erhaltung der Bewusstsein tragenden Mächte und Kräfte. Und sie beschrieben die Strukturen und Regelkreise mit den Symbolen der Astrologie, die den gleichen Gesetzen folgt.

Sie wussten vermutlich nichts von der geordneten Energieumwandlung in den Organismen und Pflanzen, aber sie kannten die Energie des Mars in den Körpertrieben und die Möglichkeit der Energieüberführung in die Willenskraft. Sie wussten vermutlich nichts über die Weitergabe von Informationen in einem organischen System, aber sie kannten die Funktion des Merkur, der im Bewusstsein für das Erfassen und die Weitergabe von Informationen zuständig ist. Sie wussten vermutlich nichts von den chemischen Vorgängen in den Elementen, aber sie kannten die Chemie der Venus, die zwei Menschen zusammen führt.

- Die Kybernetik des Bewusstseins ist mit mathematischer Logik im quabbalistischen Lebensbaum in Form der 10 Sephiroth und dem astrologischen Code aus 22 Buchstaben beschrieben.

Bischoff zitiert dazu Tikkune Sohar 47: "*Jede Sephirah enthält zugleich die Eigenschaften (Prinzipien, Urqualitäten, Elemente,) aller anderen, nur dass in jeder Einzelnen ein gewisses, ihr eigenes Prinzip als Spezialeigenschaft überwiegend erscheint.*"
("Elemente der Quabbalah" Seite 28)

Eliphas Levi bemerkt in einem Brief an einen Schüler: "*Die Quabbalah hat ihre Geometrie der Ideen, ihre Algebra der Philosophie und ihre Trigonometrie der Analogien.*"
(Papus "Die Kabbala" Seite 33)

- Die Urideen finden wir in den Ausdrucksformen der Urqualitäten in Form der vier Elemente, und ihr Wirken in den "astro-" logischen Legierungen in Form der astralen und mentalen Eigenschaften, die Träger des kosmischen und menschlichen Bewusstseins sind.

DER URSPRUNG DER QUABBALAH

Aufgrund von Beobachtung des Himmels und der inneren Befindlichkeit und der Erfahrung, dass sich bestimmte Wesenszüge entwickeln, wenn bei der Geburt bestimmte Planeten am Horizont sichtbar sind, entstand das Wissen von der Wechselwirkung zwischen den Mächten, die man mit den Sternen und Planeten verbindet und der eigenen inneren Welt.

Sicher haben die Alten auch bemerkt, dass man sich den negativen Einflüssen widersetzen und die positiven nützen kann, wenn man die Regungen, die sie verursachen, zeitgerecht erkennt und beherrscht und begannen, ihre Erfahrungen zu dokumentieren. Das war nicht nur der Beginn der Astrologie, sondern auch der Beginn einer Datenaufzeichnung, die die Gesetze des Denkens, Fühlens und Wollens erklärt. Vor fünftausend Jahren verwendete man Buchstaben und Zahlen nicht um Geschichten zu erzählen, sondern um zu belegen, wie viel Getreide geerntet, Ware geliefert und wie viel dafür an Abgaben zu bezahlen war. Die Händler registrierten die Werte der Waren, und die Astronomen registrierten die Qualitäten vom Geist.

- Jeder Planet entfaltet in jedem der 12 Abschnitte der Ekliptik andere Seiten seiner besonderen Eigenschaft und setzt, je nach Verbindung mit anderen Planeten, andere durch ihn zur Geltung kommende Energien frei.
- Das ergibt 12 verschiedene Sonnen, 12 verschiedene Monde, 12 verschiedene Merkure usw., die in ihren Kombinationen wieder Träger neuer Eigenschaften sind. Eine Sonne im Steinbock mit einem Mond im Wassermann zeigt sich anders als wenn der Mond gleichzeitig in der Jungfrau steht.
- Die zu errechnenden Möglichkeiten, die sich aus den unterschiedlichen Auswirkungen der Planeten in den Tierkreiszeichen und den Kombinationen untereinander ergeben, sind im wahrsten Sinne des Wortes astronomisch hoch und lassen sich übersichtlich nur mehr in Zahlen und Buchstabenkombinationen erfassen.

Damit war – so unsere These – der Grundstein für die Quabbalah gelegt. So wie mit den vier Sequenzen der DNA in ihren unterschiedlichen Anordnungen unendlich viele Lebensformen möglich geworden sind, lassen die unterschiedlichen Vermengungen der vier Elemente in den astrologischen Bausteinen der Bewusstseinsträger unendlich viele Qualitäten des Bewusstseins entstehen.

***

Bevor man jedoch, wie Bardon beschreibt, sich selbst codiert und einen Buchstaben in ein Körperorgan oder Körperglied verlegt, muss man sich unter dem Element, unter der Funktion des Planeten und unter dem Einfluss des Tierkreiszeichens das man mit dem Buchstaben verbindet, etwas Konkretes vorstellen können. Man wird dazu den allerletzten Erkenntnissen der astrologischen Forschung folgen und nicht den bruchstückhaften Überlieferungen aus dem Sepher Yezira.

Die chaldäisch-babylonische Tradition, auf der die Quabbalah der Hebräer beruht, hatte ein anderes Weltbild als die moderne Geisteswissenschaft. Man verwendete einen Mondkalender, die Ursache für die unterschiedlichen Eigenschaften der 12 Abschnitte des Tierkreises wurde dem Einfluss der damals dort sichtbaren Sterne und nicht, wie heute, den unterschiedlichen Qualitäten im Schwerefeld der Sonne, also im Raum der Ekliptik, zugeschrieben, und die 7 Planeten wurden anders gereiht und mehr nach ihrer Beziehung untereinander als nach ihrer Position bewertet. All das hat dann zu den vielen verschiedenen Interpretationen und Übersetzungen des Sepher Yezira, das zum Teil noch auf diesen alten Erkenntnissen beruht, geführt.

In den folgenden 4000 Jahren haben die Astrologen viel dazu gelernt und drei weitere Planeten entdeckt: Uranus, Neptun und Pluto. Die Eigenschaften und Auswirkungen dieser Planeten wurden inzwischen sehr genau erforscht und dokumentiert. Ihnen entsprechen die Seelenorgane der Intuition für geniale Einsicht, der Inspiration für traumhafte Weitsicht und der Transformation für revolutionären Umbruch. Seit 200 Jahren bereiten die Mächte dieser Sphären durch Persönlichkeiten, die aufgrund dieser Seelenorgane in der Lage sind, Eindrücke zu erfassen, die bisher außerhalb der menschlichen Bewusstseinssphären lagen, ein neues Zeitalter vor. Es wird technische Fortschritte geben, von denen man sich heute keine Vorstellung machen kann und die den Verfassern der alten Schriften völlig unmöglich erschienen wäre.

***

Dass Franz Bardon, trotz der neuen Erkenntnisse, das System des Sepher Yezira, das er allerdings um fünf Buchstaben erweiterte, übernahm, bestätigt unsere These, dass in der quabbalistischen Praxis nicht die Buchstaben, sondern die Vorstellungen, die man mit ihnen verbindet, die eigentlichen Speicher und Wirkfaktoren sind. Das schließt aber nicht aus, dass jedem Vokal und jedem Konsonanten, unabhängig von der Vorstellung des Adepten, eine bestimmte Qualität und Quantität innewohnt. In jedem Metall, in jedem Edelstein, in jeder Pflanze steckt ein Geist, den man wecken kann. Auch in jeder Farbe und jedem Ton.

Wer sich schwer tut, mit Symbolen zu arbeiten, die nicht seinen Auffassungen entsprechen, kann daher für die Vervollkommnung und Gestaltung seiner Bewusstseinsträger genauso gut die Eigenschaften nach den heutigen Erkenntnissen von den Wesenszellen, Geistesgliedern und kosmischen Mächten, die ich in meinem Buch "Astrologie. Navigation für den Lebensweg. Der genetische Code von Geist und Seele" beschreibe, übernehmen. Eine Übersicht über die Zuordnung der Seelenorgane zu den Planeten findet man auch in meinem Buch "Die Vier Elemente" im Kapitel "Die Seelenorgane".

Wir verbinden:
Das Organ für das ICH und Selbstwertgefühl mit der Sonne.
Das Organ für die Gefühle und Stimmungen mit dem Mond.
Das Organ für Denken und Reden mit dem Merkur.
Das Organ für Liebe und Harmonieempfindung mit der Venus.
Das Organ für Energie und Tatkraft mit dem Mars.
Das Organ für Rechtsempfinden und Erfolg mit dem Jupiter.
Das Organ für Konzentration und Gewissen mit dem Saturn.
Das Organ für Intuition für Erneuerung mit dem Uranus
Das Organ für Inspiration und Phantasie mit Neptun
Das Organ für Gewalt und Transformation mit Pluto

Es geht nicht darum, dass man mit einem bestimmten Buchstaben einen bestimmten Planeten oder ein bestimmtes Tierkreiszeichen verbindet, sondern, dass man sich unter dem Planeten oder Tierkreiszeichen, das man mit einem Buchstaben verbindet, die richtigen Eigenschaften imaginiert.

DIE KOSMISCHE CHEMIE

Wir kennen heute die Einwirkungen der Mächte und Kräfte, die hinter den Planeten und Tierkreiszeichen stehen, besser als die Astrologen und Priester in Babylonien, Chaldäa und Ägypten. Aufgrund von Tausenden minutengenau berechneten Geburtshoroskopen und Ereignisdaten wissen wir heute sehr genau, welche Eigenschaften mit welchen Planeten und Tierkreiszeichen zu verbinden sind, und wie sich die Eigenschaften der Planeten in Verbindung mit anderen Planeten und Tierkreiszeichen verändern. Die heiße, feurige Sonne im heißen, feurigen Tierkreiszeichen Löwe zum Beispiel, strahlt ein anderes Selbstwertgefühl aus als im kalten, wässrigen Zeichen Fische. Der feuchte, wässrige Mond im feuchten, wässrigen Zeichen Krebs lässt die Gefühle anders empfinden als im heißen, trockenen, feurigen Zeichen Widder.

Auf dieser Kombination von den Urqualitäten, aus denen die Elemente, Planeten und Tierkreiszeichen bestehen, beruht die Chemie und Physik der Quabbalah.

Ganz gleich, auf welcher Rangstufe der himmlischen Hierarchie ein Mensch oder ein Wesen steht, jede Macht und Kraft, die ein Geist repräsentiert, ist auf die Urqualitäten und deren Vermengungen in Form der vier Elemente-, der Planeten- und der Tierkreis-Qualitäten zurückzuführen.

Die Komplexität der Quabbalah ist verwirrend. Aber mit dem astrologischen Code als Schlüssel lassen sich die quabbalistischen Zusammenhänge logisch erfassen und verstehen:

- Mit den aus Farbe, Ton und Empfindung gestalteten Buchstabenlauten A, M, Sch und Ä werden die Urqualitäten und ihre Kombinationsmöglichkeiten in Form der **vier Elemente** beschrieben.
- Mit den aus Farbe, Ton und Empfindung gestalteten Buchstabenlauten K P R TH B G D werden die unterschiedlichen Ausdrucksformen dieser Elemente in Form der **sieben Planetenmächte** beschrieben.
- Und mit den aus Farbe, Ton und Empfindung gestalteten Buchstabenlauten H V C CH T I L N S O Z Q werden die elementaren und elementalen Mächte und Kräfte der **zwölf Tierkreiszeichen** beschrieben.

Die nachfolgenden Formeln dienen nur als Beispiel für eine Codierung der möglichen Auswirkungen von den unterschiedlichen Verbindungen der Urqualitäten in Form der 4 Elemente, in Form der unterschiedlichen Kombinationen der Elemente in den Planetenorganen und in Form der die Qualitäten verändernden unterschiedlichen Strukturen, die sich aus Kombinationen der Elemente in den Tierkreiszeichen ergeben.

So wie die elementaren Strukturen der Tierkreiszeichen die Eigenschaften der Planeten, die sich in ihrem Umraum befinden, prägen und nach ihrer Beschaffenheit verändern, verändern sich in dieser Zeit auch die persönlichen, inneren Planetenorgane und ihre Auswirkungen auf das Bewusstsein.

Die Venus im schweren, erdigen Steinbock: Formel RO, liebt anders, als wenn man sie mit den leichten, luftigen Eigenschaften aus dem Tierkreiszeichen Waage, Formel RL, kombiniert. Der Merkur im warmen, luftigen Tierkreiszeichen Zwillinge, Formel KZ, denkt anders als im kalten, wässrigen Tierkreiszeichen Fische, Formel KQ.

Das gleiche gilt für die Kombination der Planetenbuchstaben untereinander. Die Verbindung des Buchstabens für Venus mit dem Buchstaben für Mars, Formel RD, wird Leidenschaft schüren, die Verbindung des Buchstabens für Venus mit dem Buchstaben für Saturn, Formel R Th, bewirkt dagegen Enthaltsamkeit.

Durch Kombination der Buchstaben lassen sich alle möglichen Ausdrucksformen der Planeten- und Tierkreis-Eigenschaften beschreiben und fixieren. Und wenn man damit praktisch arbeitet, indem man sich bewusst gezielt auf die gerade vorherrschende kosmische Qualität einstellt, kann man die mit Buchstaben verbundenen Eigenschaften zur Gestaltung seines Geistes oder für magische Zwecke bei Bedarf wieder aktivieren.

***

Soweit die Theorie nach unseren heutigen Erkenntnissen. Wie komplex eine kosmische Gleichung ist, wird deutlich, wenn man bedenkt, dass zum Beispiel das Feuer des Mars ein anderes Verhältnis von Heiß und Trocken hat als das Feuer der Sonne oder das Feuer des Tierkreiszeichen Löwe, und das Feuer des Widder ist wieder anders zusammengesetzt als das Feuer des Zeichen Schütze. Selbst die einzelnen Urqualitäten, die ja nichts anderes sind als Formen und Folgen der Intensität der Urenergie, können sich jeweils auf unterschiedliche Weise ausdrücken und manifestieren, je nachdem mit welchen Urqualitäten und Quantitäten sie sich verbinden und auf welcher Ebene sie sich manifestieren:

- Das physisch empfundene Leicht wird auf der Astralebene als fröhliche Stimmung und auf der Mentalebene als vielseitige Weitsicht in Erscheinung treten. Es kann sich als Fluidal oder als Feucht, als anschmiegsame Bewegung oder als anschmiegsame Beharrung manifestieren, je nachdem, welche der anderen Urqualitäten gerade in der Nähe sind.
- Das physisch empfundene Heiß wird auf der Astralebene als Mut, Unternehmungslust oder Zorn und auf der Mentalebene als Optimismus oder Übermut empfunden.
- Das physisch empfundene Kalt wird verlangsamen, ernüchtern und anhalten lassen, sowohl die Gedanken, als auch die Gefühle im seelischen Bereich.
- Das physisch empfundene Schwer wird auch auf der mentalen Ebene die Gedanken verdichten und haften lassen mit allen Folgen von Gedächtnis im mentalen- und Schwermut im Gefühlsbereich.

Im Kapitel "Der vierpolige Magnet" in meinem Buch "Die Vier Elemente" sind Beispiele für Manifestationen der Urqualitäten angeführt. Wie in der Molekularbiologie lassen sich auch auf den feinstofflichen Ebenen aus 3 Basen, 4 Bausteinen und 22 Buchstaben unendlich viele Eigenschaften codieren und zusammenstellen.

Der Autor des Sepher Yezira hat das auch erkannt, wenn er schreibt: "*2 Steine bauen 2 Häuser, 3 Steine bauen 6 Häuser, 4 Steine bauen 24 Häuser, 5 Steine bauen 120 Häuser, 6 Steine bauen 720 Häuser, 7 Steine bauen 5040 Häuser – wenn du dann so immer weiterrechnest, kommst du zu Zahlen, die der Mund nicht mehr auszusprechen und das Ohr nicht mehr aufzufassen vermag*".

Es wird noch lange dauern, bis man die Manifestationen der unterschiedlichen Mischungsverhältnisse der Urqualitäten in den Elementen und in den Sphären der Planeten und Tierkreiszeichen, auf allen drei Ebenen erforscht hat und verständlich dokumentiert. Ich werde daher keine weiteren Anleitungen geben, denn ich möchte nicht mit einer neuen unvollständigen "Buchstaben Magie" zu noch mehr Sprachverwirrung beitragen. Die von mir angeführten Buchstabenverbindungen sind keine quabbalistischen Formeln, sondern nur als Beispiel für die Wirkweise der quabbalistischen Chemie und zum besseren Verständnis der Quabbalah gedacht: Die Eigenschaften der Urqualitäten, der Elemente und der Planeten verändern sich gegenseitig (wie Metalle, die man miteinander legiert), wenn man sie zusammenfügt.

Wer auf Bardons Weg zum wahren Adepten bis zur Stufe IV gekommen ist, dem genügt der Hinweis auf dieses Phänomen. Er wird weiterforschen und selbst geeignete Bewusstseinsstützen zur Gestaltung der vier Elemente seines Wesenskörpers und zur Vervollkommnung seiner Geist- und Seelenglieder zusammenstellen.

So wie wir zur Beherrschung der Elemente, die bei Sport, Entspannung, Vergnügen, usw., freiwerdenden Elemente- Qualitäten bewusst an Buchstaben binden und bei Bedarf wieder lösen, kann der Astrologiekundige die jeweils vorherrschende kosmische Zeitqualität berechnen, erfassen und in einen Gegenstand oder Buchstaben bannen. Dabei lassen sich sowohl die Gezeiten der Urqualitäten im persönlichen Horoskop, zum Beispiel der Transit des Mars über die Geburtssonne, zur Verdichtung feuriger Wesenszellen für Selbstvertrauen und Mut, als auch Konstellationen, die mit dem eigenen Horoskop überhaupt nichts zu tun haben müssen, zum Beispiel eine Jupiter- Venus Konjunktion im Stier, zur Gewinnung von Wesenszellen für Genuss, Zufriedenheit und Harmonie nützen.

Paracelsus hat auf diese Weise höchst wirksame Medikamente, Kräutermischungen und Amulette hergestellt und auch genau beschrieben, wie und wann man das am besten macht. ("Paracelsus Werke" Band V. Schwabe & Co Verlag)

ALGORITHMEN FÜR DIE EWIGKEIT

Wir stellen fest: Quabbalah ist wie eine mathematischen Schrift, die einen Zustand oder eine Entwicklung beschreibt und die, wie eine Programmiersprache bei der Eingabe, beim Aussprechen das Beschriebene bewirkt.

Da ist nicht nur der Ton, also der phonetische Ausdruck eines Buchstabens, der eine Bedeutung hat. Da ist auch seine Verknüpfung mit den Zahlen 1 bis 10, von denen jede etwas Gesetzmäßiges bestimmt: Zum Beispiel Aktiv als Folge von Warm, und Still als Folge von Kalt. Schwer als Folge von Dicht, und Leicht als Folge von Gelöst. Gleiches zu Gleichem. Gravitation und Sammelleidenschaft. Anziehung und Abstoßung. Wie oben so unten. Alle Gesetze der Natur und der Psyche werden von den Prinzipien der zehn Zahlen reguliert.

Da ist die Kombinationsmöglichkeit, bei der ein Buchstabe, in Verbindung mit einem anderen, seinen Sinn ändert oder verliert. Da verschmelzen Buchstaben mit Farben, mit Tönen, mit Empfindungen und lassen Bilder für Vorstellungen entstehen. Da vermischen sich Farben zu neuen Farben, verbinden sich Töne zu Akkorden, vereinen sich übereinstimmende und widersprüchliche Empfindungen und lösen Gefühle aus. Es werden Bilder geformt, Empfindungen beschrieben und Gefühle zum Leben erweckt.

- So wie auf der physischen Ebene die unterschiedlichen Kombinationen der Proteine, Aminosäuren und Gene die Aufgaben der Neuronen, Zellen und Hormone bestimmen, regeln auf den mentalen Ebenen die Kombinationen der, mit Buchstaben, Farben, Tönen und Empfindungen bezeichneten, Urqualitäten den Geist und werden zu lebendigen Bausteinen der Sphären einer gedachten, gefühlten und gespürten Welt.

Die Quabbalah verbindet Sinne mit Sinn, Geist mit Materie, Mächte und Kräfte. Horizontal, vertikal, aus verschiedenen Eben wird geschöpft und kombiniert und zusammengefasst. Man weiß, es sind vernetzte Algorithmen komplexer Möglichkeiten, die als gewaltige Schöpfermacht das Universum am Leben hält.

- Mit Symbolen verbundene Vorstellungen sind geistige Mächte, die – wie Gewohnheiten – den bewusstseinstragenden Geist bewegen und verändern können.
- Man stellt sich unter Geistern Wesen vor, kosmische Lichtgestalten, mächtige Engel oder dunkle Gestalten in der Unterwelt, im Keller oder im Wald. Die Geister, die einem am nächsten stehen, weil sie das Fleisch und die Knochen des Bewusstseins sind, werden dagegen nicht als geistige Wesen erkannt.
- Zum Beispiel der Geist, der einen zum Kühlschrank oder zur Naschlade drängt. Oder der Placebo-Geist, der wie ein hilfreicher Engel Hoffnung macht und Genesung bewirkt.
- Die Geister der Magie und Mystik sind nichts Spektakuläres. Jede Vorstellung ist ein kleiner Geist, der etwas Positives oder Negatives bewirken kann.

Die Frage, die zu klären wäre, ist: Sind Gedanken, Vorstellungen, Imaginationen vom Körper unabhängige, übertragbare, geistige Komplexe, mit denen ihr Schöpfer, ein Gott oder Quabbalist, etwas bewirken kann, oder handelt es sich um elektromagnetische Entladungen auf der Gehirnrinde, also Einbildungen, die nur für den, der sie imaginiert, von Bedeutung sind?

Während Informatiker mit Einsern und Nullen Roboter, Rechner und 3D Drucker programmieren, bringt die unendlich komplexere Sprache der Quabbalah das geistige Genom für lebendige Geräte und biologische Drucker hervor. Da werden Äpfel, Weintrauben und Mangos gedruckt, Eier gelegt, und "Roboter" geboren, die Geschichten schreiben, Symphonien komponieren, und sich verlieben und vermehren. Manche von ihnen erkennen sogar, dass sie sind.

Die moderne Bio- und Neurowissenschaft hat Recht, wenn sie behauptet, dass die Menschen, wie die Affen, Schweine und Wölfe, von Genen, Hormonen und Synapsen gesteuert werden. Auf die meisten Menschen trifft das auch tatsächlich zu. Aber die bekannten organischen Informationseinheiten bestimmen nur die Chemie für die Empfindungen, Gefühle und das Leben. Wer man ist – und sein kann – bestimmt der Geist.

Die geistigen Moleküle und Zellen, die sich in Form der beherrschten, konzentrierten und gelenkten Imaginationen manifestieren, sind wissenschaftlich noch nicht erforscht. Es wird noch einige Zeit dauern, bis man das ganze System der kosmischen Sprache verstehen und nützen kann. Was die Alten überlieferten, ist nicht mehr als ein Hinweis auf dieses phantastische Lego Spiel. Damit bauen kann man nur in der Praxis lernen. Die richtigen Andockstellen und Rezeptoren für die unendlich vielen lebendigen Steine zu finden und die unendlich vielen Kombinationsmöglichkeiten auf allen Ebenen zu erfassen, scheint unmöglich zu sein. Das wird so bald weder den Quabbalisten mit ihren Thesen noch den Informatikern mit ihren kleinsten Mikro-Chips auf Bio- oder Kohlenstoffbasis gelingen.

- Trotzdem kann jeder schon heute, jetzt und jederzeit, entscheiden, ob er sich von Hormonen und Körperregungen steuern lässt oder von der Energie seiner vernunftgetragenen Willenskraft, die er durch bewusste Selbstbeherrschung aus den hormongesteuerten Regungen schöpft.
- Man kann jederzeit ja oder nein sagen, man muss nicht das tun, wozu es einen drängt. Jede bewusste Überwindung manifestiert sich als Baustein und Energiequant im bewusstseinstragenden Körper des wachen ICHSELBST.
- "Wer einen Plan hat, kann auch entscheiden", meinte Konfuzius.

Um sich selbst zu gestalten, bedarf es keiner Quabbalah. Es genügt eine Vorstellung: SO WILL ICH SEIN. Und es braucht einen Plan: SO WILL ICH DAS ERREICHEN. Die Mächte und Kräfte, die man bei der disziplinierten Arbeit an sich selbst, bei jedem Verzicht, bei jeder Selbstbeherrschung, bei jedem Bemühen, seinem Dasein einen Sinn zu geben, mobilisiert, gestalten und formen die feinstofflichen Glieder und Organe auch ohne, dass man sie mit Buchstaben bezeichnen muss.

Es ist ein physikalisches Gesetz, dass Kraft am Widerstand wächst, eben auch im Psychischen. Kraft ist ein Göttliches Element, das sich im Menschen spiegelt.

Ludwig van Beethoven

Primum Mobile
Prima Materia
Quinta Essentia
Quatuor Elementa
Lapis Philosophorum

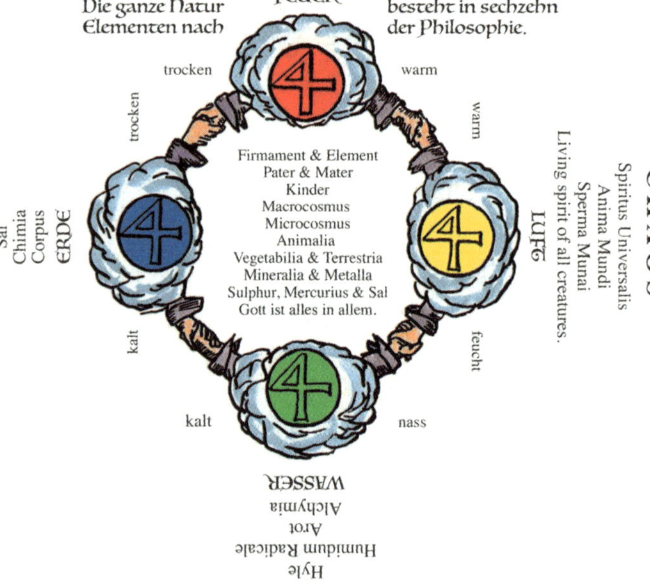

PRAXIS

Neue Erfahrungen brachten neue Erkenntnisse, was jedoch nicht bedeutet, dass damit alle offenen Fragen beantwortet sind. Im Gegenteil. Die Zweifel, ob das wirklich alles so funktioniert, wie Franz Bardon beschreibt, und zu meistern ist, bleiben bestehen - und die vielen anderen quabbalistischen Schriften, die unterschiedlichen Lesarten in den verschiedenen Auflagen des Buches Jezirah, die Versuche die 22 Buchstaben mit den Tarot- Karten zu verbinden, die unzähligen Erklärungen und Beschreibungen der 10 Sephiroth in Form des Lebensbaums und die weiteren Kommentare dazu - sie alle, so hat sich herausgestellt, haben für die Praxis definitiv keinen Wert.

Was bringen die philosophischen Spekulationen über den Körper eines Gottes, von dem kein Mensch etwas wissen kann, während der eigene Körper mit seinen Regungen und Trieben mit einem macht, was er will? Was bringt das Wissen von den Mächten und Kräften der Buchstaben und Zahlen, wenn man die Mächte und Kräfte seiner Gedanken und Gefühle nicht beherrscht? Was bringt das Wissen von der Formung der Welt, bevor man sich selbst jene Form, die man für richtig hält gegeben hat?

Es geht um die persönlichen Bewusstseinsglieder. Ich glaube nicht, dass es für die geistige Entwicklung etwas bringt, wenn ich erfahre, was für ein kosmisches Mysterium sich hinter den 3 Hirnschalen und Millionen Haaren Gottes verbirgt*, selbst wenn ich annehme, dass damit die drei Bewusstseinsebenen und das, was daraus hervorgeht, gemeint ist. Ich glaube nicht, dass es etwas bringt, wenn ich auf 32 Wegen im Wald der unzähligen Lebensbäume herumirre und an einem Sephiroth Baum Namen von Engeln, die ich nicht aussprechen und an einem anderen die Attribute eines Gottes, den ich nicht ansprechen kann, finde. Wozu? Wunder verrichten? Kontakt mit Engeln und Genien? Kein Wesen wird sich einem Menschen zuwenden, wenn der nicht analoge Eigenschaften in sich hat. Nicht einmal der freundlichste Erdgeist wird einem neugierigen oder ungeduldigen oder schlampigen oder unzuverlässigen Magier etwas aus seiner Ebene anvertrauen.

- Keine Macht und keine Kraft in dieser Welt lässt sich bewegen, wenn man ihre Qualität nicht in sich nachempfinden kann und beherrscht.

Es geht also nicht um die Glieder und Organe eines Gottes, sondern um die Glieder und Organe des persönlichen ICHSELBST. Es geht um die Glieder und Organe, die das Bewusstsein tragen. Es geht um die Glieder und Organe des "ICHBIN". Wer am Weg zum wahren Adepten lernte, die vier Glieder der vier Elemente zu gebrauchen und seine Gedanken, seine Gefühle, seine Willensregungen und sein Bewusstsein beherrscht, der kann daran gehen, seine Planetenorgane und die Tierkreisstrukturen, aus denen sie sich bilden, bewusst in sein Leben mitein zu beziehen.

Mit dem Code der astrologischen Gesetzmäßigkeiten lässt sich das System, auf dem die Quabbalah beruht, logisch erklären. Es ist ein erster Schritt zum Verständnis der kosmischen Schrift als Programmiersprache des Geistes und ich hoffe, dass nach diesem Hinweis Leser mit Verständnis für Informatik, Gentechnik und Molekularbiologie zu weiteren Einsichten gelangen. Es gilt, Erkenntnisse, die aus eigenen Erfahrungen stammen, zu sammeln und diese dann mit dem Schlüssel der Alten und den Erkenntnissen der modernen Wissenschaften zu verbinden.

Die Quabbalah programmiert keinen Rechner mit Flachbildschirm, sondern einen lebendigen vierdimensionalen Raum. Die Hardware im Zentrum ist der Quabbalist. Und der muss sich erst selbst programmieren, wenn er will, dass sich die Luft bewegt, wenn er die Taste A niederdrückt. Es sind keine Pixel, die mit Strom, sondern lebendige geistige Bausteine, die mit geistiger Macht und Kraft bewegt werden müssen. Ohne geschulten Willen und konzentrierte Vorstellungskraft wird sich nichts bewegen.

TAPIS FÜR ALLE GRADE DER PANSOPHISCHEN ENTWICKLUNG.

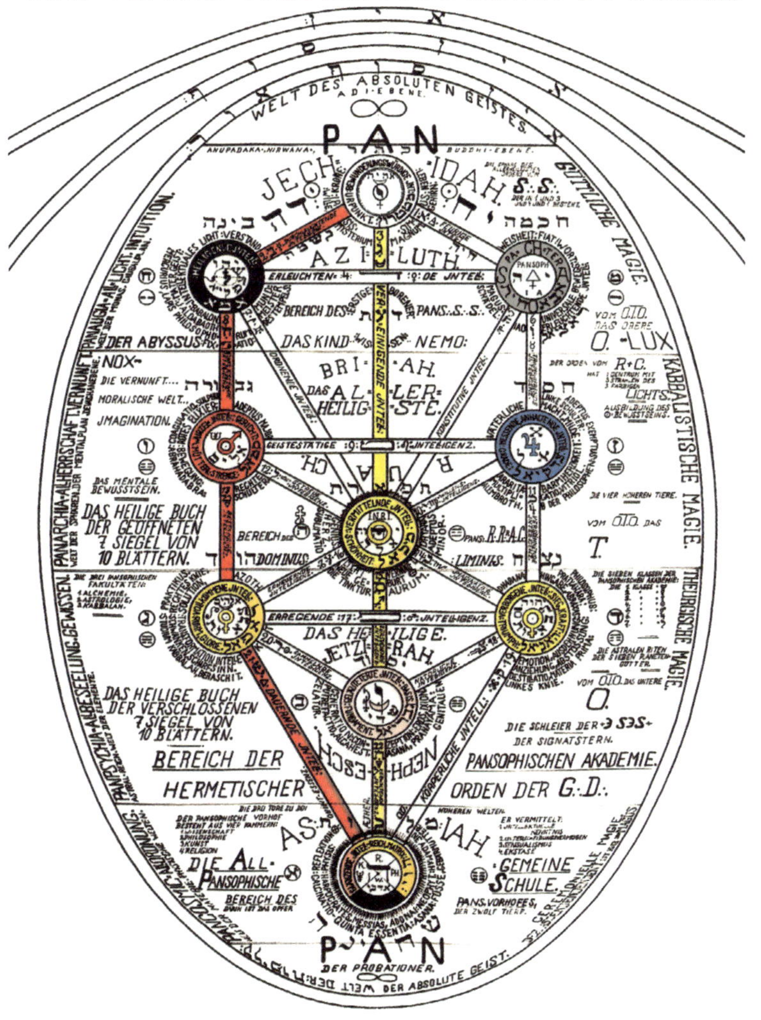

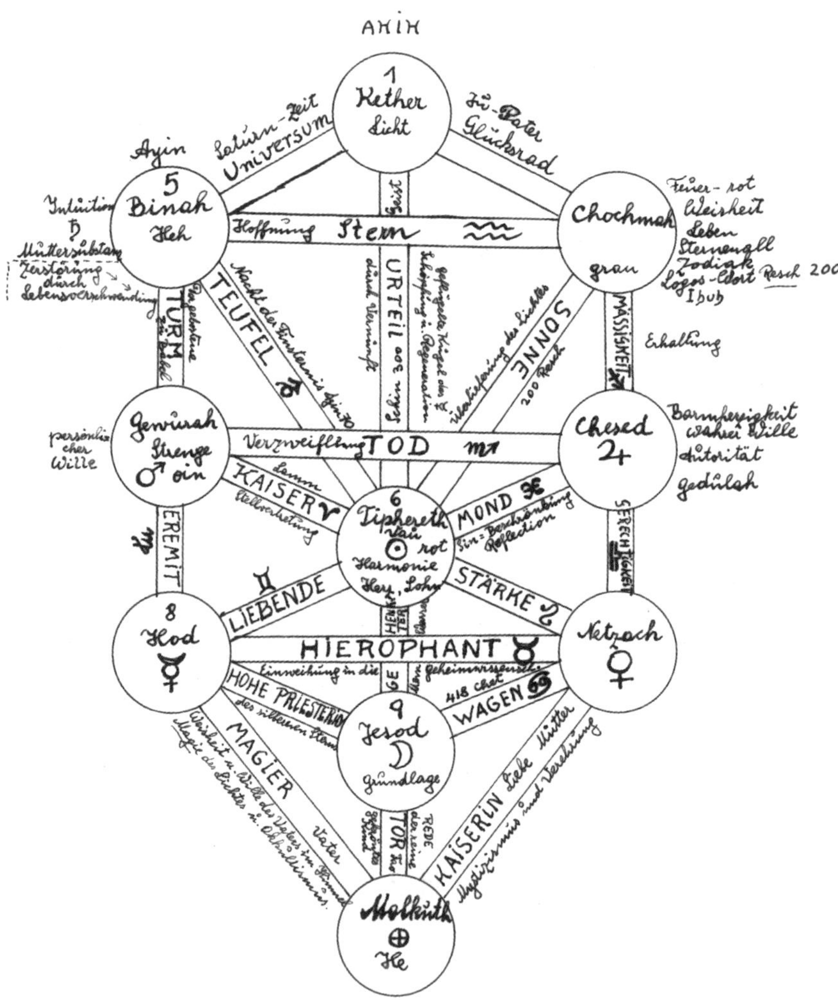
AHIH
1
Kether
Licht
Saturn-Zeit
UNIVERSUM
Ayin
5
Binah
Heh
Intuition
Muttersubstanz
Zerstörung durch Lebensverschwendung
Glücksrad
Chochmah
grau
Feuer-rot
Weisheit
Leben
Zodiak
Logos-Wort
Resch 200
Hoffnung
Stern
Geist
URTEIL
TEUFEL
TURM
SONNE
200 Resch
MÄSSIGKEIT
Erhaltung
Gevurah
Strenge
persönlicher Wille
Verzweiflung
TOD
Chesed
Barmherzigkeit
wahrer Wille
Autorität
Gedulah
KAISER
6
Tiphereth
Vau
rot
Harmonie
Herz, Lohn
MOND
Reflection
EREMIT
GERECHTIGKEIT
LIEBENDE
STÄRKE
8
Hod
HIEROPHANT
Netzach
HOHE PRIESTERIN
418 Chet
WAGEN
9
Jesod
Grundlage
MAGIER
Vater
TOR
REDE
KAISERIN
Liebe Mutter
Mystizismus und Verehrung
Malkuth
He

BEMERKUNGEN ZU DEN BILDERN UND ZU DEM BUCH

Manche Erkenntnisse lassen sich zwar beschreiben, aber nicht nachvollziehen, wenn man sie nicht selbst erlebt. Daher bedienten sich die unterschiedlichen Traditionen der Macht und Kraft der Symbole als Ergänzung zum Wort. Symbole formen, inspirieren und bewegen den Geist.

In meiner Schulzeit - Bardons Bücher waren damals noch nicht geschrieben - beschäftigte ich mich eingehend mit den "Geheimen Figuren der Rosenkreuzer." Ich glaube nicht, dass ich damals auch nur eine der 57 Bildtafeln richtig verstand. Trotzdem bin ich überzeugt, dass mir diese Sinnbilder – Sinn weist, wie im chinesischen Tao, auch im deutschen auf einen Weg – den späteren Weg zum Verständnis der Urqualitäten, der Vier Elemente und der Qualitätenordnung, die in den Zahlen 1 bis 10 steckt, erleichtert haben. Symbole können auch ohne, dass es einem bewusst wird, den Geist befruchten.

"*Ein in Begriffen unvollkommen ausdrückbarer Sinngehalt geht ein in bildliche Gestaltung, um überhaupt gedacht und gedanklich zur Entfaltung gebracht zu werden. Sinn und Bild sind eines im Symbol. Das Symbol wendet sich bei sinngemäßem Auffassen und Beachten seiner Aussage an die schöpferische Einbildungskraft.*" Thomas Ring. "Existenz und Wesen."

Die Bilder sollen also nichts demonstrieren oder erklären, sie wollen – wie der geschriebene Text dieses Buches – den Geist befruchten und zum Nachdenken anregen.

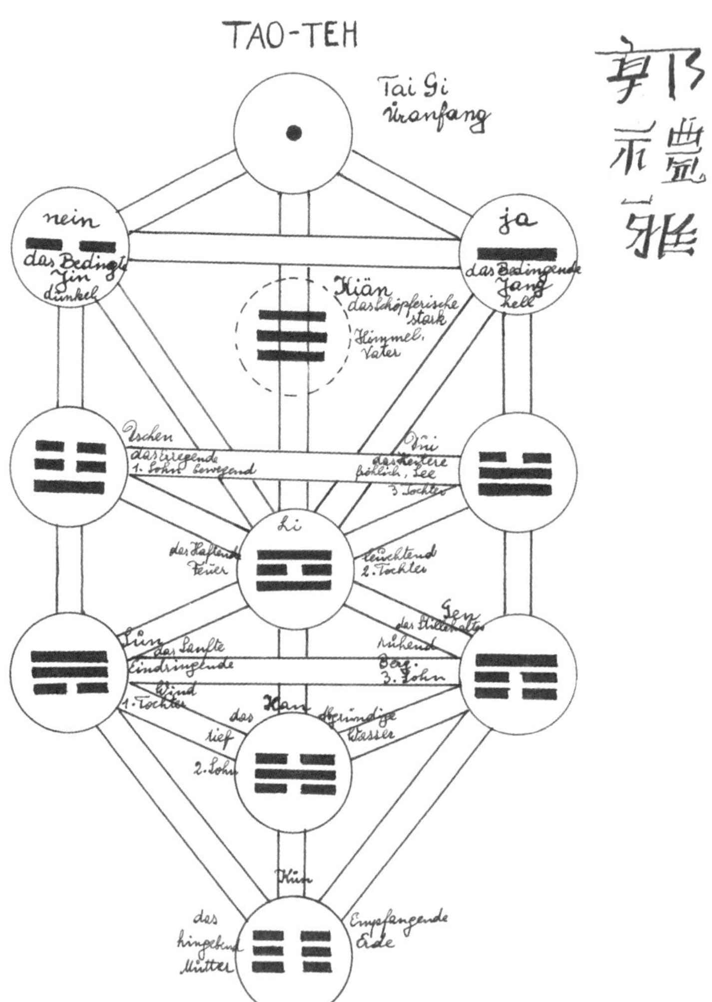
TAO-TEH
Tai Gi
Uranfang
nein
das Bedingte
Jin
dunkel
ja
das Bedingende
Jang
hell
Kiän
das schöpferische
stark
Himmel,
Vater
Tschen
das Erregende
1. Sohn bewegend
Dui
das Heitere
fröhlich, See
3. Tochter
Li
das Haftende
Feuer
leuchtend
2. Tochter
Gen
das Stillehalten
ruhend
Berg.
3. Sohn
Sun
das Sanfte
Eindringende
Wind
1. Tochter
das
Kan
abgründige
Wasser
tief
2. Sohn
Kun
das
hingebend
Mutter
Empfangende
Erde

ERWACHEN

Bild Seite 34. Das Mysterium des Erwachens, das man in der Wahrnehmung: "Ich bin" erfasst, wurde bereits von allen möglichen Seiten ausgeleuchtet. Aber das Bild mit dem Horus, dem Symbol für den Geist, der durch den Körper des Pharao die Welt erlebt, gibt auch ohne Worte den entscheidenden Hinweis auf die, auf Seite 33 beschriebene Praxis und prägt sie dem Bewusstsein ein.

Bild Seite 26. Auch die Kohlezeichnung mit der Schlange, dem Kristall, der Lilie und dem sternebekleideten ICH, zeigt das Erwachen und die Grundlagen, die dafür nötig sind: Die Energie der Triebe, das klare Licht der Erkenntnis, die Reinheit des Fühlens und das Bewusstsein des ICH.

Bild Seite 45, zeigt den Schöpfergott, – wir können auch Schöpfergeist sagen – der sich selbst befruchtet und von Ewigkeit zu Ewigkeit in seinen erwachten Geschöpfen erwacht, um einen neuen Kreislauf zu beginnen.

Bild Seite 150. Auch Uroboros, die Schlange, die sich in den Schwanz beißt, stellt den Kreislauf der Natur und das Mysterium vom Kreislauf des Bewusstseins dar. Uroboros, der sich ständig erneuernde Gott.

Ganz gleich, welche Vorstellung man von der Existenz eines Schöpfergottes hat – ob als Baumeister aller Welten, als Vorsehung im Akasha oder als Genienhierarchie – dass mit dem Erwachen etwas erwacht, das dem persönlichen Bewusstsein eine völlig neue Dimension verleiht, wird jeder, der diesen Augenblick des Erwachens erlebte, bestätigen. Das Wissen von der Möglichkeit, dass man sich jederzeit auf die Vorstellung "ichbin" als Bewusstseinsträger stützen und als geistiges Wesen identifizieren kann, gibt einen völlig neuen Zugang zum Leben in der grobstofflichen Welt. Man erlebt den Unterschied zwischen Menschentier und Menschengeist.

Das Ichbin Erlebnis vermittelt klar und deutlich die Integration in die geistige Ebene. Das bewusste Hineinschauen in die grobstoffliche Welt distanziert nicht nur vom Geschauten sondern auch vom eigenen Körper. Immer deutlicher erfasst man, dass man ein Geistwesen ist, und dass weitere Entwicklung möglich ist. Jedes Ichbin Erlebnis stärkt und festigt den Geist.

Gemeint ist damit nicht die im rauschhaften Realitätsschwund erlebte sogenannte "Erleuchtung" – also Wahrnehmungen in meditativer Versenkung, in mystischer Ekstase oder im Delirium chemischer Substanzen –, sondern das kurze, klare, wache, mitten im Alltag ganz real erlebte "Ichbin". Es geht um das gleichzeitige Erfassen der physischen und der geistigen Realität. Dazu bedarf es keiner Selbstauflösung, keiner Askese, keiner jahrelangen Übungen. Jeder ist dazu befähigt. Jederzeit!

Gemeint ist auch nicht die von Bardon empfohlene Übung, bei der man sich bewusst macht, dass man ein Geistwesen ist, und dann einige Minuten lang als Geist mit Körper durch die Gegend rennt und alle Handlungen bewusst als Geistwesen vollbringt. Beim Erwachen geht es um das Erfassen, dass man ist, und nicht um das Agieren als Ich. Auch der Erwachte, der Bardons Übungen beherrscht, muss sich immer wieder in Erinnerung rufen, dass er **ist**.

Die Übungen der Magie und Mystik sind ohne das wiederholte Erlebnis des Erwachens nutzlos und wenn man nicht unbedingt Wasser in Wein verwandeln will, für die meisten entbehrlich. Ichbin ist nicht weiser oder mächtiger oder vollkommener als das Ich zuvor, aber der auf diese Weise Geistgeborene hat einen Standpunkt, der hinter der Pforte, die vorher verschlossen war, liegt. Die weitere Vervollkommnung hat nicht unbedingt mit magischen Fähigkeiten zu tun.

Was da im Menschtier erwacht, ist nicht das Menschentier, sondern göttlicher Geist, der seine Göttlichkeit beweisen wird, indem er durch eigenes Streben die Mächte und Kräfte, die ihn bewegen, in sich zur Vollkommenheit vereint.

ICH-Gefühl und Selbstbild, so lehrt die Neuropsychologie, erwachsen aus der Abgrenzung der eigenen Person von der Außenwelt und ihrer Spieglung im anderen. Das ICHBIN-Gefühl und Selbstbild des Geistes, erwachst aus der Abgrenzung des ICH von der Innenwelt und ihrer Spiegelung in den Gedanken und Gefühlen.

Wir wollen hier nicht den vielen ergebnislosen Versuchen der Philosophen und Psychologen, das ICH zu definieren, einen weiteren Erklärungsversuch hinzufügen. Aber: *Nur gedacht und nicht verwirklicht, wäre jeder Sinn sinnlos*, schreibt Thomas Ring. Das gilt auch für das ICH. Das ICH erlebt sich, und verwirklicht sich in der Wahrnehmung "Ich bin".

MACHT UND KRAFT

Bild Seite 37. Nut, die ägyptische Göttin des Himmels, die sich über Geb, den Gott der Erde, beugt, symbolisiert die Macht und Kraft, die das Universum belebt und zusammenhält. Genaugenommen stehen sich die beiden aber nicht gegenüber, sondern bilden eine Einheit wie Raum und Zeit. Um das zu vermitteln, habe ich im Bild Seite 7 die raumgebende und die raumformende Eigenschaft der beiden Mächte dargestellt.

Bild Seite 7. Nut, die raumgebende Göttin des Himmels und die raumformende, zur Materie verdichtete, kosmische Energie.

Bild Seite 60. Auch die am Kreuz fixierte Schlange und die vielen anderen bekannten Darstellungen der Schlange, die das Welten Ei, den Phallus oder sonstwas umschlingt, sind Versuche die schöpferische Kraft im All – und im Menschen – zu erklären. Jedes Bild gibt einen anderen Zugang zu dem Mysterium.

Physiker definieren Kraft als Einfluss, der drückt oder zieht. Bisher wurden vier physische Energieformen nachgewiesen. Nach einer fünften "dunklen" Materie und Energie, ohne die nach mathematischen Berechnungen das Universum nicht so sein kann, wie es ist, wird noch gesucht.

Hat die Magie und Mystik diese geheimnisvolle fünfte Kraft

bereits gefunden? Ist es der Stoff, aus dem die Träume und die Götter sind? Ist es die Imaginationskraft, die Macht, die jeder Kraft die Richtung weist? Franz Bardon beschreibt im "Weg zum wahren Adepten" die induktiven und deduktiven Imaginationsübungen, mit denen man die unterschiedlichen Manifestationsformen der 4 Elemente verdichten und auflösen kann.

Wir wollen nicht theoretisieren und versuchen, etwas zu erklären, das man noch nicht erklären kann. Auch die Physiker konnten bisher das Entstehen der Kraft, die die Welt zusammenhält, nicht anschaulich definieren. Aber wir können die Geisteskraft lokalisieren und im Alltag nützen. Die Kraft des Willens ist nichts Theoretisches. Die Schlange der Versuchung, die mit Einbildungen verführt, kann man ergreifen. Wir brauchen auch nicht über den Phallus, um den sie sich windet, philosophieren, sondern können jederzeit einen konkreten, Realität zeugenden, "guten Vorsatz" aufstellen, eine Zielvorstellung, die sich der Gedankenbilder der Schlangenkraft bedient. Wir verfügen über eine ganz konkrete Kraft, die, so wir es wollen, konzentriert und bindet oder löst und befreit.

Trotzdem bleibt die Schlange ein Symbol, mit dem wir etwas darstellen, das sich nicht logisch erklären lässt; Die Wechselwirkung zwischen Gut und Böse. Die Einheit von Macht und Kraft. Die Verbundenheit von Qualität und Quantität. Sind es zwei, oder ist es eines, das zwei Erscheinungsformen hat?

GEIST UND SEELE

Das verleitet zu der Frage, was steht dem Ichbin näher? Geist oder Seele? Was ist das Kleid und was bin Ich? Was ist Fleisch und was ist Knochen? Gefühltes berührt einen stärker, erscheint intimer, weil man es scheinbar hautnah erlebt.

Sehnsucht, Hoffnung, Angst oder Wut – ist es das Gefühl, das den Geist lebendig macht? Oder sind es die Vorstellungen und Gedanken, die lenken und verhindern, dass man in den Abgrund der Bewusstlosigkeit stürzt? Was ist Wesen, was Erscheinung, was ist

ICH? Manche sehen ihr ICH als Seele mit einer davon losgelösten Intellektualität.

Wir wollen nicht definieren, bezeichnen, einordnen oder theoretisieren. Die Frage, die man sich dazu stellt, ist: wo entstehen die eigenen Entschlüsse? Wer ist es, der die Entschlüsse fasst? Das ist keine philosophische Frage. Die Antwort lässt sich praktisch erfahren und erleben und zwar beim nächsten spontanen Verzicht.

Zitat Seite 6. Es geht nicht darum, alle Fragen richtig zu beantworten, sondern, dass man sich selbst immer wieder diese Fragen stellt. Bei der Suche nach der Antwort lernt man nicht nur sich selbst, sondern auch die unterschiedlichen Energieformen, also das, was man als Macht und Kraft, als Geist und Seele, als Phallus und Schlange benennt, erst richtig kennen. Auch der Unterschied zwischen den Ebenen wird dabei ausgeleuchtet: Astralebene, wenn einen die Gefühle in Landschaften tragen? Mentalebene, wenn es der Geist ist, der die Imaginationen, die man als Umwelt erlebt, bestimmt?

Man muss sich damit beschäftigen und immer wieder hinterfragen, was einen berührt. Was einen anzieht oder bedrückt, und was man selbst bewegt. Wem dient das, was mich bedrängt? Wem dient das, was ich will? Es geht um die Wirkweise der Gefühle und Vorstellungen.

Ohne gezielten Eingriff durch den Willen kommt die Lenkung einmal vom Geist und einmal von der Seele. Vorstellungen und Gefühle stehen in ständiger Wechselwirkung. Gefühle können bedrücken oder aktivieren. Vorstellungen können bremsen oder befreien. Einmal gibt der Geist und einmal die Seele die Richtung vor. Das hat Jakob Böhme gemeint, als er Gottes Wirken als erotisches Treiben in der Natur beschreibt: "*Bald lieget eines oben, bald das andere.*"

Bild Seite 30, hat damit allerdings nichts zu tun. Es zeigt, die von Bardon erwähnte falsch verstandene Praxis der Tantriker, bei der zur Zeugung eines Elementals, anstelle der Umpolung des elektrischen und magnetischen Fluids der beteiligten Partner, die physischen Körper und Zeugungsorgane umgestellt werden.

LEBENSBAUM

Bild Seite 119, 122. Unklarheiten und Verwirrung stiftet auch der Baum der Erkenntnis. Wie bereits an anderer Stelle bemerkt, kann man sich im Wald der vielen Lebensbäume verirren. Jeder Autor versucht, die ihm zugänglichen Erkenntnisse auf den Zweigen unterzubringen.

Es geht jedoch nicht um die richtige Position, Bezeichnung und Qualität der einzelnen Sephiroth. Es geht um das Erfassen des Sinns, der Struktur und der Eigenschaften der Zahlen Eins bis Zehn. Der Baum ist sowohl Abbild der Mächte und Kräfte der Schöpfung, als auch Darstellung der Organe von Geist und Seele, deren Funktion und Qualitäten es im eigenen Wesen zu entwickeln gilt.

Bild Seite 79. (Paulus Ricius, Portae Lucis, Augsburg 1516) Der alte Jude zeigt, was zu tun ist: Er ergreift den Baum und ist dabei, ihn in die Erde zu pflanzen. Die zehn persönlichen, den kosmischen Mächten analogen geistigen Glieder und Organe - sie wurden auf dieser alten Darstellung anders miteinander verbunden als später üblich - müssen wachsen und sich entfalten.

Bild Seite 75. (Robert Fludd, Utriusque Cosmi II. Frankfurt, 1621) Mit dem verkehrten Baum will Fludd erklären, dass die Wurzeln des Bewusstseins im Geistigen und nicht im Irdischen zu suchen sind.

Bild Seite 115. Eine außergewöhnliche Darstellung des Lebensbaumes. Man spürt förmlich die Gestaltungskraft der Schöpfung. Der Baum entfaltet sich. Das Bild zeigt eindrucksvoll die Dynamik, die dem Gerüst der kosmischen Gesetze innewohnt. Die Schöpfung ist nicht statisch. Es gibt eine Entwicklung im Bewusstsein, das das All erfüllt.

Das Erwachen des Ichbin im Menschen setzt erweiterte Strukturen voraus. Erst das Hervortreten neuer kosmischer Mächte und Kräfte bewirkt die Evolution und ermöglicht dem Schöpfergeist, dass sein Bewusstsein in seinen Geschöpfen wieder erwacht.

Bild Seite 120. Auf diesem, mit den Planetensymbolen versehenen Baum hat, vermutlich ein Crowley Schüler, versucht, neben den 7 Planeten auch die Tierkreiszeichen und die Tarotkarten unterzubringen. Die Planeten Uranus, Neptun und Pluto jedoch fehlen. Auf älteren Darstellungen waren die obersten Sephiroth, den höchsten Hierarchien vorbehalten. Inzwischen sind diese göttlichen Attribute auch den Menschengeist formende Instanzen.

Mit diesen drei sich entwickelnden Seelenorganen kann der Menschengeist auch außerhalb der Ebene seiner den sieben Planeten entsprechenden Wesensstruktur Eindrücke sammeln. Wir nannten diese persönliche Ebene, auf der einem alles Gedachte und Gefühlte entgegentritt, Seelengarten. Die sieben Organe, die dazu nötig sind, spiegeln die Sphäre der Sonne, des Mondes, des Merkurs, der Venus, des Mars, des Jupiters, und des Saturns. Mit den neuen Organen Uranus, Neptun und Pluto ist es möglich, dass man Eindrücke, Inspirationen und Energien auch aus wesensfremden Sphären, die hinter der Grenze, die Saturn bewirkt, liegen, erlangt.

Ich überlasse es den theoretischen Tüftlern, wo am Baum sie die neu in Erscheinung getretenen Mächte unterbringen. Zwei Sephiroth gibt es noch, die keinem Planeten zugeordnet sind. Die übermächtige Plutoinstanz, die das Zehner System der alten Quabbalisten sprengt, bedeutet auch für die Hierarchie unseres Sonnensystems eine Ausweitung in fremde Sphären und mag den Beginn einer neuen Verzweigung initiieren.

Der Baum des Lebens ist nicht die platte Illustration einer philosophischen These. Es handelt sich um das vielschichtige Symbol eines komplexen, mehrdimensionalen Zusammenspiels von bewusstseinstragenden Mächten und Kräften, die sich in Wechselwirkung mit den Menschen entwickeln, entfalten und ständig in Bewegung sind.

Wenn den zehn Zahlen jeweils ein Planet zugeordnet wird, so ist damit nicht gemeint, dass, zum Beispiel die Zahl 3, die Sephira Binah, die Sphäre des Saturn repräsentiert, oder die Zahl 6, Tiphereth die Sonnensphäre, oder die Zahl 10, Malkuth die Erdgürtelzone, sondern dass sich, in Analogie zu den Qualitäten der zehn Grundideen, auf unterschiedlichen Ebenen, die Sphären der Hierarchien, die Zonen der Planeten und die Wesensorgane der Menschen manifestieren.

ICH BIN ES

Bild Seite 38. Im Kreis ist dieser Baum in seiner ganzen Ausdehnung dargestellt und mit dem Text ICH BIN "ES" umrahmt. Die 10 kosmischen Ordnungskonstanten des Schöpfungsplans sind zu einer komplexen, sich endlos ausweitenden vierdimensionalen Struktur verbunden. Vom Zentrum aus entfalten und verzweigen sich die Äste, um sich im raum- und zeitlosen Kreis des Unerschaffenen als "All und Alles" zu manifestieren.

Wenn ich Beispiele der unterschiedlichen Darstellungen des Lebensbaums bringe, möchte ich damit auf die vergeblichen Versuche hinweisen, den Schöpfungsplan in seinem vollem Umfang zu erfassen und zu verstehen. Je nach Erkenntnis und Erfahrung hat sich jeder Autor ein anderes, für ihn verständliches Schema, in dem sich die Teile zweckmäßig zum Ganzen zusammenfügen, zurechtgelegt. Was da im Lauf der Zeit alles auf den Baum gehängt wurde, übertrifft inzwischen jeden Weihnachtsbaum.

Für die Praxis folgt man daher besser den Angaben Franz Bardons. Er beschreibt die Qualitäten der Urideen, mit welchen die sichtbare und unsichtbare Welt erschaffen wurde, in linearer Aufsteigung von Eins bis Zehn und verbindet den Zahlenschlüssel in Analogie mit den Eigenschaften der Planeten. Die Zahl Eins bezeichnet sowohl einen Anfang als auch einen Schöpfer. Die Planetenqualitäten sind dabei keine astrologischen Spekulationen, sondern ganz konkrete lebendige Bausteine des persönlichen Bewusstseins, die man spüren, erfassen und begreifen kann, weil es die eigenen Organe und Glieder sind.

Die Hierarchie, die Schöpfermächte und den Schöpfungsplan wird man mit dem Baum der Erkenntnis nicht verstehen und begründen können. Aber Bau und Funktion der persönlichen Wesensorgane und Wesensglieder, die einen denken, fühlen und handeln lassen, und die eigene Schöpferkraft, die dahinter steckt, sind aufgrund der astrologischen Symbole am Baum klar zu erkennen.

DIE EINS

Die Taoisten, Gnostiker und Tantristen, dachten weniger an einen Schöpfergott als an sich selbst. Wer die Welt erschuf, können wir nicht beantworten. Aber wer der Urheber von dem ist, das man selbst gerade hervorruft, lässt sich nachvollziehen. Man braucht sich nur fragen: Wer ist es, der da am Anfang meines Handelns stand? Und die Antwort ist: **ICH!**

Ich bin es – der hinter der Entscheidung stand, die ich gerade traf. Ich bin es, der am Anfang meines Tuns steht. Ich bin es, der entscheidet, tu dies oder das oder nichts.

Das zu erkennen ist wichtiger als zu wissen, wer der Schöpfer der Schöpfung ist. Indem man sich bewusst macht, dass man mit jedem Ja oder Nein, mit seinem Reden und Tun, mit jedem Plan, den man realisiert, ein Schöpfer ist, hat man das Mysterium der Zahl Eins erfasst. Auch die anderen neun Zahlen lassen sich verstehen, wenn man die Antwort nicht in weltfernen Sphären, sondern in seinen persönlichen, den kosmischen Mächten analogen Wesensgliedern sucht.

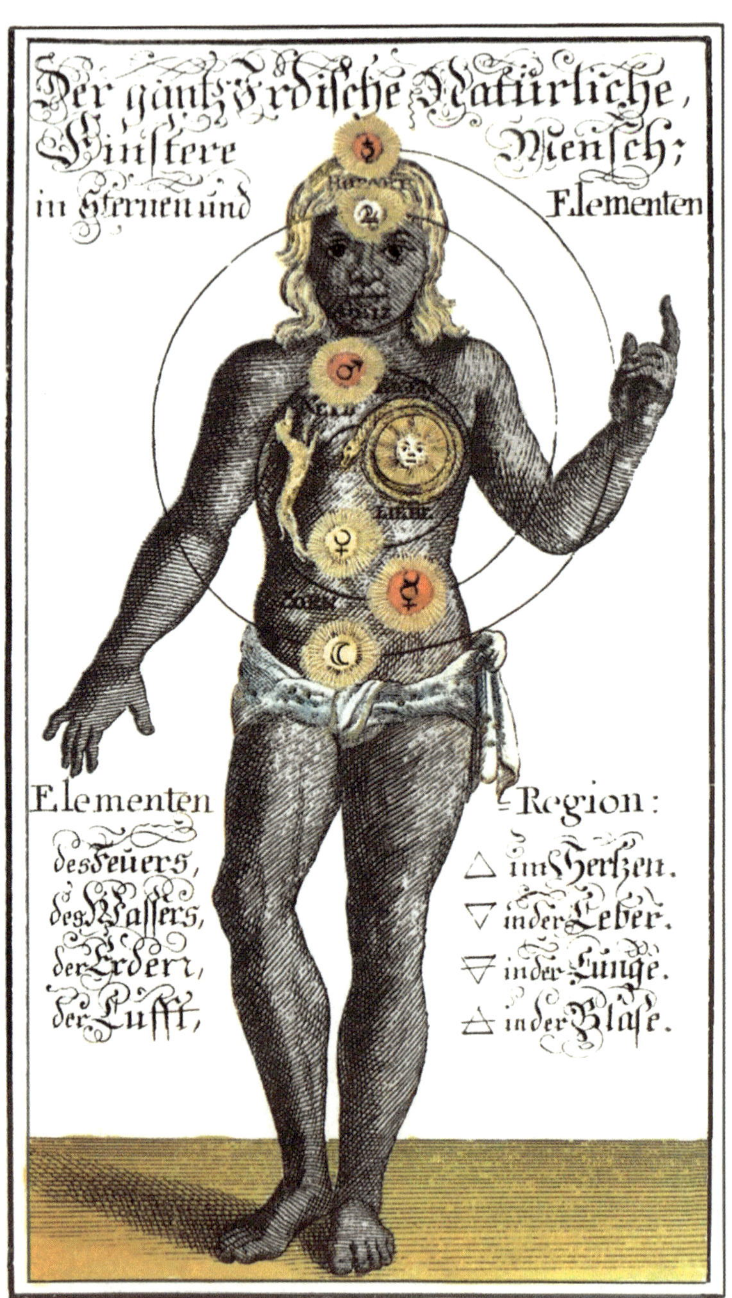
Der gantz Irdische Natürliche,
Finstere Mensch;
in Sternen und Elementen
Elementen Region:
des Feuers, △ im Hertzen.
des Wassers, ▽ in der Leber.
der Erden, ▽ in der Lunge.
der Lufft, △ in der Blase.

CHAKREN

Wie beim Baum der Erkenntnis findet man auch zu den Chakren die unterschiedlichsten Angaben. Abweichende Funktionen und doppelsinnige Begriffe lassen kein einheitliches System erkennen. Die Anzahl der Zentren variiert je nach Tradition von fünf bis zwölf, die Zuordnung zu den Elementen von vier bis sieben, und auch die mit den Chakren verbundenen Körperorgane sind widersprüchlich und oft unlogisch zugeordnet.

Bild Seite 132. Die Chakren des christlichen Mystikers Jakob Böhme ("Theosophia praktika", J. G. Gichtel, Aurum Verlag.)

Nach Jakob Böhme ist die Elementeregion des Feuers im Herzen, die des Wassers in der Leber, die der Erde in der Lunge und die der Luft in der Blase. Eine ungewöhnliche Sicht auf die Qualitäten der vier Elemente, aber auch die Tafeln der anderen Traditionen zeichnen kein einheitliches kosmisches Schema, falls es ein solches überhaupt gibt. Wir wissen also nicht, wo es sich um falsch ausgelegte Erkenntnisse oder Übersetzungsfehler handelt und wo tatsächlich mit diesen Schlüsseln gearbeitet wurde.

Interessant ist, dass man auch in christlichen Kreisen des späten Mittelalters, trotz Inquisition, die Übungen mit den der Chakren praktizierte. Mit "Blick nach innen", den sie auf den "inneren Menschen" richteten, umschrieben die reformierten christlichen Mystiker und frommen Freimaurer aus dem Umfeld Böhmes und Gichtels die magisch-gnostische Technik der Imagination, mit der man die Wesenskräfte seines Wesens erkennt, beherrscht und gestalten kann.

Bei den Chakren – das muss immer wieder betont werden – handelt es sich nicht um Schaltzentralen im physischen Körper, die geweckt, erregt oder bedient werden müssen, damit man bestimmte spirituelle Erkenntnisse oder Fähigkeiten erlangt. Es handelt sich vielmehr um Symbole für die Eigenschaften und Fähigkeiten von feinstofflichen Gliedern und Organen, die für das bewusste und eigenständige Leben im körperlosen Zustand notwendig, aber noch nicht ausgebildet sind. Sie bilden den feinstofflichen Leib, ohne

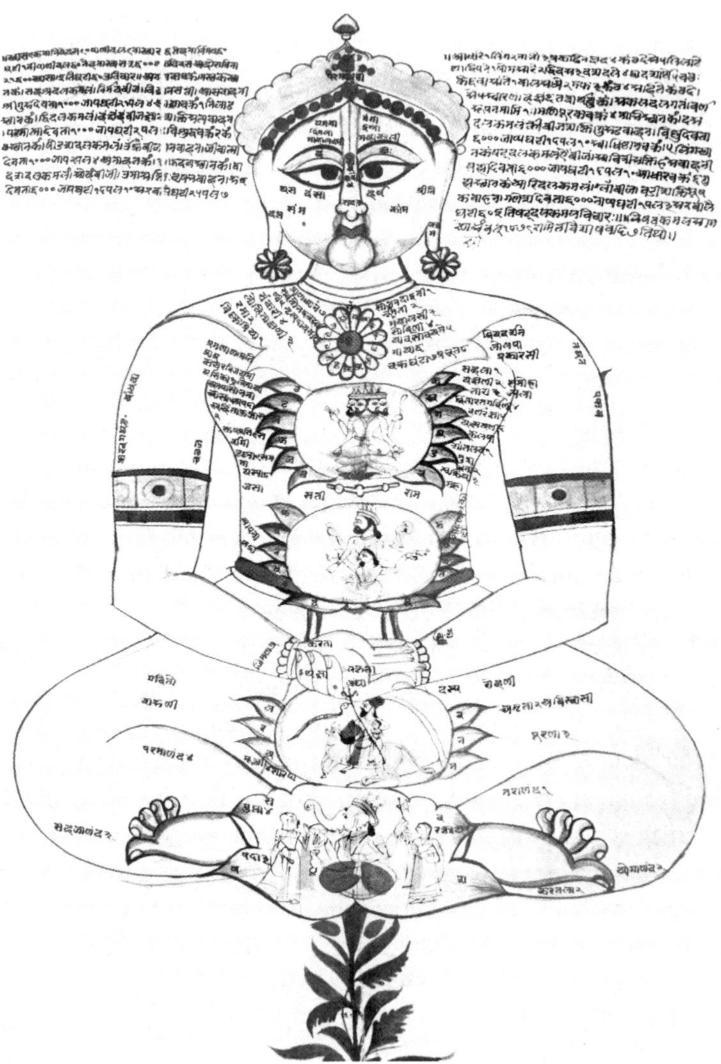

den ein bewusstes, unabhängiges Dasein auf den feinstofflichen Ebenen nicht möglich ist. Diesen Leib muss man selbst gestalten. Er muss wachsen, Glied um Glied. Das ist im Bild Seite 134 zum Ausdruck gebracht.

Bild Seite 134. (Aus "Tantra", von Philip Rawson, Droemer Knaur Verlag).

Der feinstoffliche Körper mit seinen Organen (Chakren) wird – ähnlich wie der quabbalistische Lebensbaum – "*als Pflanze dargestellt, die aus dem Boden des überirdischen Raumes wächst.*" Die Organe und Glieder dieses feinstofflichen Leibes stecken nicht im Körper. Man muss sie – also sich– im geistigen Raum mit geistigen Molekülen gestalten, ehe man damit bewusst agieren kann.

Die einzige verständliche und nachvollziehbare Anleitung dazu findet man bei Franz Bardon. Die anderen Methoden, mit denen in okkulten Kreisen die Chakren angeblich geweckt werden können, sind Zeitdiebstahl und gefährlich. Wer sich jahrelang erfolglos auf bestimmte Körperstellen konzentriert, darf sich nicht wundern, wenn ihn das tatsächlich ver-rückt, und er statt im Nirvana auf der Psychiatrie oder als Alkoholiker auf der Straße landet.

Jede Aufmerksamkeit, jede Vorstellung, jede Konzentration, besonders wenn sie auf bestimmte Körperregionen gerichtet ist, muss bewusst und gezielt mit der Imagination von bestimmten Eigenschaften verbunden werden (siehe Kapitel Macht und Kraft Seite 14) sonst geht es auf Kosten der persönlichen Lebens- und Geisteskraft.

Das betrifft nicht nur die Chakra Übungen der alten Traditionen, sondern auch die modernen Praktiken nach Crowley, Tränker, Gregorius usw., die Übungen mit dem Lebensbaum magisch orientierter Orden, die Buchstabenübungen nach Kerning, Kolb, Bo yin Ra und alle anderen Praktiken der Alchemisten, Spiritisten und frommen Mystiker. Man baut damit nicht einen eigenen feinstofflichen Leib, sondern den Körper der Egregore der Gruppierungen, die diese fragwürdigen Praktiken propagieren.

Hoffnung wird geweckt. Es bilden sich Schemen, Larven und Elementale, Geistschmarotzer, die von dieser, auf die Erfolgserwartung gerichteten Energie leben, und alles daransetzen, dass man mit den Übungen weitermacht. Die magischen Tagebücher von John Dee, Ing. Scheiber, Silias und vielen anderen gefoppten Schülern der Magie und Mystik sind beeindruckende Dokumente misslungener Magie.

Die Erfahrung zeigt, dass man, zum Beispiel mit den Griffen der Freimaurer, bestimmte Zentren markieren, positionieren und aktivieren, aber ohne richtige Erklärung nicht beherrschen und verwenden kann. Das merkt man bereits auf der Traumebene: Falsches Erwachen, lähmende Angst, unsinnige Eingebungen, die geglaubt werden, sind die Folge.

In der Praxis erkennt man, dass die feinstofflichen Zentren sowohl Bewusstseinsträger, als auch Sinnesorgane sind, mit denen man sowohl wahrnehmen, als auch agieren kann. Vorausgesetzt man beherrscht die induktiven und deduktiven Übungen mit den Elementequalitäten, die Franz Bardon im "Weg zum wahren Adepten" beschreibt. Es genügt nicht, Zentren für sie zu markieren, man muss die besonderen, damit in Verbindung gebrachten Eigenschaften der stimulierten Organe auch kennen und beherrschen.

Das indische System beschreibt die Regionen der Elemente-Qualitäten in Form von Lotusblumen, und anstelle von Körperorganen deren Blütenblätter, die mit Silben versehen, bestimmte komplexe Eigenschaften repräsentieren.

Die quabbalistische Tradition, der auch Franz Bardon folgt, kopiert dazu als Bewusstseinsstütze Bau und Funktion des physischen Körpers, in dem sich der Menschengeist auf der physischen Ebene erlebt. Neben den vier Körperregionen die den vier Elementen entsprechen, beschreibt Bardon im Weiteren analoge Organe für die feinstofflichen Ebenen, die mit den Urqualitäten der vier Elemente zu imaginieren und ins Bewusstsein zu rufen sind. Das fünfte Element, das alle Elemente durchdringende und umfassende Akasha, wird dabei zur Bewusstsein-tragenden Kontrollinstanz.

Welches der beiden Systeme leichter nachvollziehbar ist, kann nur die Praxis entscheiden. Unter der Funktion der Glieder und Organe kann man sich, solange man sich noch auf solche stützt, eher einen Bewusstsein-tragenden Körper vorstellen, als unter Blütenblättern und Lotusblumen.

Unsere Erfahrungen beschränken sich auf die Arbeit mit den vier Elementen in Analogie zu den Körperregionen, die Bardon in seinem ersten Werk beschreibt. Sie entspricht der vierblättrigen Lotusblume, dem Muladhara Zentrum der indischen Tradition. Seine Instruktionen zur bewussten Arbeit mit den fünf Elementen, die er im Kopf- Brust- Solarplexus- Bauch- und Steißbein- bis Fußsohlen- Bereich lokalisiert, beziehen damit die bei den Indern erwähnten Zentren: Scheitel, Stirne, Hals, Herz, Geschlechtsteil usw. mit ein.

Beiden Traditionen gemeinsam ist: den feinstofflichen Körper für die feinstofflichen Sphären muss sich jeder selbst gestalten. Die geheime Formel dazu lautet: Der Schöpfer meines Wesens bin ICH.

WANN STIRBT DAS ICH?

Die Tradition des Tao lehrt, dass ohne diesen selbst gestalteten Feinkörper ein Leben nach dem Tod nicht möglich ist. Weder als Geistwesen in den Sphären, noch in einem neuen Köper in der physischen Welt.

Die Frage, die sich dazu stellt: müssen alle Glieder und Organe voll ausgebildet sein? Oder kann man sich auf ein oder zwei Glieder stützen, und die anderen nach und nach, den vier Elementen entsprechend, wie ich es in den Exerzitien für Freimaurer beschreibe, vervollkommnen und gestalten? Mit dem die vier Bewusstseinsglieder vereinenden ICHBIN, verfügt man, solange man sich damit identifiziert, über einen Bewusstseinsträger, der das Bewusstsein beliebig lange aufrechthalten kann.

Für meine Erfahrungen im außerkörperlichen Zustand genügten die Organe, die ich im Kehlkopfbereich und in der oberen Bauchregion zu verspüren meinte. Es ist natürlich ein Unterschied, ob man noch Zugang zu einem lebendigen Körper hat, oder der bereits unter der Erde west. Aber denkbar ist, dass man auch ohne feinstoffliche Milz und Leber und Nasenlöcher usw. das Bewusstsein erhalten kann. Die Qualität des Daseins, die Erkenntnisfähigkeit und die Handlungsmöglichkeiten hängen möglicherweise davon ab, aber zur Erhaltung des Bewusstseins reicht der Bewusstseinsträger ich BIN.

Es ist anzunehmen, dass der Feinkörper nicht erst nach dem Ableben oder bei Außerkörperlichen Erfahrungen in Erscheinung tritt. Er dient auch der Gestaltung des irdischen Lebens. Wer noch mit Beziehungs- Alkohol- oder Geldproblemen zu kämpfen hat, muss damit rechnen, dass er auch im körperlosen Zustand mit den Mächten und Kräften, in sich und um sich, zu kämpfen haben wird. Ob ihn diese Mächte auflösen und samt seinen nicht beherrschten Wesenszellen in ihre Ebenen ziehen, hängt davon ab, ob er sich mit der Vorstellung ich BIN identifizieren und damit auf sich selber stützen kann.

WELTMUSIK

Auch die Schwingungszahlen der Musik offenbaren kosmische Ordnungskonstanten. Die Frage, welche Tonfrequenzen in der praktischen Quabbalah zu verwenden sind, ist jedoch noch nicht befriedigend geklärt. Außer bei Franz Bardon wird bei allen mir bekannten Zuordnungen der Töne zu den Elementen, Tierkreiszeichen und Planeten die komplette Tonskala verwendet.

Bild Seite 72, ist eine Aufstellung der Buchstaben, Farben und Töne vom Quintscher-Schüler Josef Schuster, Ordensname Silias, einem Mitglied der magischen Forschungsgruppe, der auch Franz Bardon eine Zeit lang angehörte. Es scheinen alle sieben Töne auf.

Bild Seite 63, (Robert Fludd, "Utriusque Cosmi" Band 1 1617) zeigt Darstellung eines Musikinstruments. "*Das Monochord*" sagt Fludd, "*ist das innere Prinzip, das vom Zentrum des Ganzen aus den Zusammenklang alles Lebens im Kosmos bewirkt. Durch Verstellung der Saitenspannung kann Gott, der "Große Einklang", die Dichte aller Stoffe zwischen Empyreum und Erde bestimmen.*"

Bild Seite 71. (Robert Fludds, "Utriusque Cosmi" Band 2 1621) "*Drei Weltoktaven tief elementisch, himmlisch und überhimmlisch ist Gott in sein Schöpfungswerk hinabgestiegen, um dem Menschen seinen Geist einzuhauchen*".

Bild Seite 68. (Athanasius Kircher, "Ars magna lucis", Rom 1665.) "*Die Zuordnung der damals bekannten Planetensphären zu den Tönen umfasst ebenfalls eine volle Oktav. Die Sphären sind rhythmisch durchflossen von der ägyptischen Schlange der Lebenskraft. Ihre drei Köpfe vertreten die göttliche Trinität in den drei Dimensionen des Raumes und den drei Aspekten der Zeit.*"

ASTROLOGIE ALS SCHLÜSSEL ZUR QUABBALAH

Bild Seite 92. Auch in diesem Bild pulsiert die kosmische Kraft - die schöpferische Imagination - in Form einer Schlange durch das All. Sie ist es, die die unterschiedlichen Bausteine der Schöpfung aktiviert und auf die Bewusstseinsebene der inkarnierten Wesen überführt.

In der Astrologie finden wir den gesamten Bauplan der Schöpfung: Sowohl seinen Ursprung in Form der zehn verzweigten Sphären am Baum der Erkenntnis, als auch die mentalen und astralen Manifestationen auf den Ebenen in Form der 22 Buchstaben. Die Astrologie umfasst alles in allem, die Urqualitäten, die Elemente und deren komplexe Verbindungen in Form der zodiakalen und planetaren Erscheinungsformen, die sich in den unterschiedlichen Eigenschaften von Geist und Seele manifestieren.

Die Astrologie ist die Lehre, die sowohl die Struktur und Wirkweise der schöpferischen Mächte im Kosmos, als auch im persönlichen Wesen erkennen lässt. Und sie ist die Wissenschaft, mit der man die Einwirkungen aus den geistigen Ebenen auf den Menschen erkennen, kontrollieren und nützen kann.

Dass das funktioniert, beruht nach unseren heutigen Erkenntnissen nicht auf den Strahlen von Planeten, sondern auf der persönlichen, organischen Verbindung mit den Mächten und Kräften der kosmischen Hierarchien. Man wird nicht angestrahlt, sondern reicht selbst in die Sphären hinein. Man ist direkt und permanent in sie eingebunden. Nicht nur passiv empfangend, sondern durch das Denken, Fühlen und Wollen auch aktiv und somit mitverantwortlich sowohl für das eigene Erleben, als auch für das positive und negative Geschehen in der Welt.

GUT UND BÖSE

Bild Seite 20. Dieser Baum ist eine der erwähnten Tafeln der Rosenkreuzer. Er ist, wie auch die Bäume aus der quabbalistischen Tradition, sowohl Symbol für das Geäst der kosmischen Hierarchie, als auch der persönlichen Bewusstseinsglieder, deren Wurzeln sich in drei Ebenen verzweigen.

Das Bild beschreibt die Früchte des Guten und Bösen, die am Baum der Erkenntnis wachsen. Links dachte man sich das Böse und rechts das Gute. Zwei Mächte, die sich feindlich gegenüber stehen. Seit Jahrtausenden prägt dieses Weltbild die Religionen und Denkmodelle der okkulten Traditionen.

So aber ist es nicht. Heute wissen wir es besser: Nicht oben oder unten, nicht Licht oder Finsternis, nicht Geist oder Materie, sondern das Zuviel oder Zuwenig sind Ausdruck des Bösen.

"*Nichts Schlechtes, das nicht auch etwas Gutes in sich birgt*", war ein Lieblingsausspruch des Franz Bardon. Das bedeutet nicht, dass es das Böse nicht gibt. Das Böse ist überall präsent. Man könnte auch sagen: Nichts Gutes, das nicht auch Böses bewirken kann. Jede Eigenschaft kann entarten, wenn sie zu stark oder zu schwach in Erscheinung tritt; Disziplin wird zu unsinniger Askese - Freiheitsstreben eskaliert zu Anarchie - Gerechtigkeitssinn macht Despoten. Ich habe diese wichtige Erkenntnis ausführlich im 3. Buch über die vier Elemente dargelegt.

Nicht die verborgenen Mächte, die hinter Licht und Finsternis stehen, sondern die einende Kraft, die das Gleichgewicht herstellt und bewahrt, ist das Schöpferische, das Gute, das Bewahrende, sowohl in der Hierarchie, als auch in uns selbst. Die Wurzeln des Baumes werden von den Menschen mit ihren beherrschten oder entarteten Elementalen des Denkens, Fühlens und Wollens bewässert und gedüngt. Und die Früchte an den kosmischen Ästen, die Wesen, die ihrerseits die Menschen nähren, entsprechen dem, womit man den mentalen Boden düngt. Eine verhängnisvolle Wechselwirkung.

Die Mitverantwortung wird auch in den beiden anderen Tafeln Seite 116 und 91 ausgedrückt.

Bild Seite 116. In diesem Bild wird die Bedeutung des Gleichgewichts nach vier Richtungen beschrieben. Die vier Elemente muss man **im Griff** haben. Sowohl jedes einzeln als auch ihre vierpolige Verbundenheit. Die Gedanken des Luftelements. Die Gefühle des Wasserelements. Die Willenskraft des Feuers. Und das die Elemente- Glieder zusammenfassende Bewusstsein des Erdelements. Im 2. Buch, "Exerzitien für Freimaurer" werden die Übungen dazu beschrieben.

Bild Seite 91. In diesem Bild wird der vierpolige Magnet durch die zwei Säulen, auf denen die ganze Schöpfung ruht, dargestellt. Der Alte blickt auf die Goldwaage (Goldwaage deswegen, weil selbst kleinste Schwankungen große Auswirkungen haben) und weiß, dass er das Gleichgewicht durch die Aktivierung der Eigenschaften, die in den Urqualitäten der entgegengesetzten Fluide, männlich und weiblich stecken, aufrecht halten kann.

Das sind keine philosophischen Thesen, sondern betrifft die ganz konkreten persönlichen Eigenschaften, die sich aufgrund der Urqualitäten, im Charakter eines Menschen manifestieren. Über diese Elementale besteht ein ständiger Austausch zwischen der Hierarchie der Genien und den Menschenwesen, bei dem, wie es aussieht, vor allem die Geister und Genien profitieren.

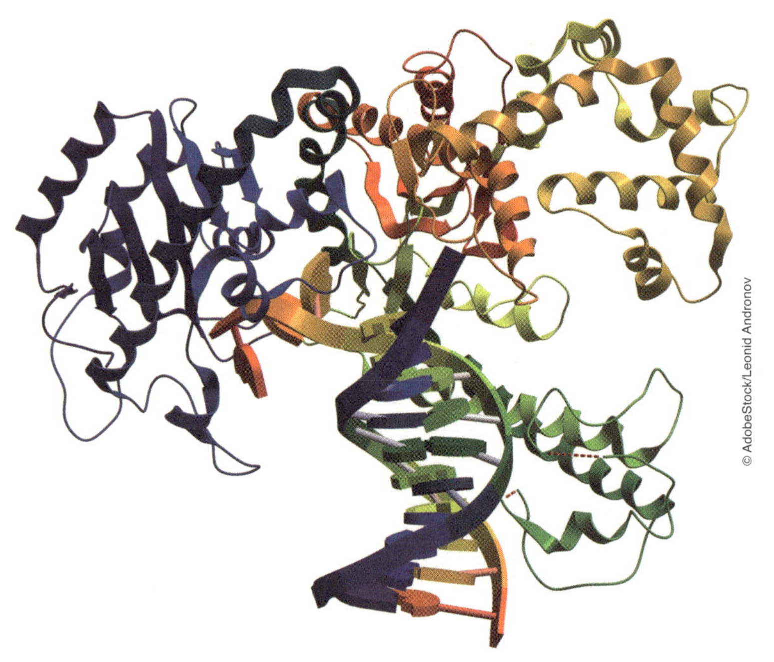

Quabbalah funktioniert nicht wie die einfache Imaginationsmagie, bei der man eine Zielvorstellung imaginiert und belebt und darauf wartet, dass sie sich von alleine oder mithilfe von Genien realisiert. Der Quabbalist arbeitet direkt mit den Werkzeugen und Bausteinen des Geistes auf denen die ganze Schöpfung beruht. Dass das eine hochkomplexe Angelegenheit ist wird klar, wenn man Einblick in die Arbeit der Natur, und die Werkzeuge und Bausteine des Lebens gewinnt.

Bild Seite 142. "Werkzeuge des Lebens", ist der Titel für die sensationelle Darstellung der kleinsten Bausteine, auf denen das Leben beruht. Die atomgenauen Berechnungen der dreidimensionalen Gestalt der Proteine, gelangen mithilfe der sogenannten künstlichen Intelligenz. Für das Verständnis von Lebensprozessen ist dies ein Durchbruch, vergleichbar mit der Entschlüsselung des Genoms im Jahr 2000. Ich zitiere dazu aus dem Spiegel Nr. 33 vom 14.8.2021:

"*Proteine sind die eigentlichen Akteure des Lebens. Sie packen und ziehen, sie befördern und bewegen, sie schneiden, kleben und löten. Sie wirken als Schleusen oder Pumpen, als Schrauben, Haken oder Ösen, als Sensoren oder Katalysatoren. Proteine sind die Werkzeuge, die Maschinen, aber auch die Fühler der Zelle. Die Gene verkörpern die Sprache des Lebens, doch erst die Proteine geben der Sprache einen Sinn," erklärt die Strukturbiologin Garcia-Alai.*

Die Sprache, die der Geisteswissenschaft Sinn verleiht, ist die Quabbalah. Sie ist genauso komplex wie die Sprache des Lebens. Um einen Einblick in die phantastische Mikrowelt der Biomoleküle zu geben, beschreibt die Forscherin, wie eine Zelle Nährstoffe aufnimmt:

"*Im Zangengriff,* sagt sie, *packe ein Protein die zellumhüllende Membran und ziehe diese einwärts. Dabei werfe das Greifprotein eine Art Ankerseil aus, das am Gestänge des Zellskeletts haften bleibt. Von dort aus zerren andere Proteine so lange an dem Seil, bis sich die Membran samt der darin verbissenen Greifer einwärts stülpt und sich schließlich ein kleines nahrhaftes Tröpfchen ablöst.*"

Da kann man nur staunen, denn Proteine sind keine Lebewesen! Was veranlasst sie dazu? Wer bedient sich dieser Werkzeuge des Lebens? Wer hat sich das ausgedacht und programmiert?

Die Magie und Mystik – das Suchen nach dem, was hinter dem Sichtbaren steht – brachten die unterschiedlichen Wissenschaften zur Erforschung des Sichtbaren hervor. Umgekehrt lassen sich nach dem hermetischen Gesetz, "wie oben so unten," aus den wissenschaftlichen Erkenntnissen Rückschlüsse auf das, was wir nicht greifen oder begreifen können, ziehen.

Bild Seite 143. (Diagramm der Wandlung - Nördliche Sung Dynastie. Wiedergabe aus dem taoistischen Kanon - Tao-tsang - entnommen aus dem Buch "TAO - Die Philosophie von Sein und Werden", von Philip Rawson und Laszlo Legeza, Droemer Knaur Verlag).

Beim Betrachten dieses Diagramms - "*das die durchdringende Kraft des vitalen Geistes, das Wirken des transzendenten Tao und die Verbindung zwischen Makro und Mikrokosmos darstellt*" - *wird man sofort an die Verschlingungen der Proteine erinnert. Das Diagramm beschreibt jedoch nicht die Werkzeuge des Lebens, sondern die geistigen Ströme, die dahinter wirken. "Gottes Treiben", das Jakob Böhme als "liebliches Ringen der Natur" beschreibt. Die Taoisten sehen darin "Die symbolische Darstellung der wechselseitigen Kultivierung der Vereinigung von Yin und Yang und die Vergänglichkeit der entstandenen Objekte und Tatsachen.*"

Die Taoisten kannten Kundalini – Zeichen HO für Individuation – das mit dem Symbol für "Kraft innerhalb einer Umschlingung" geschrieben wird. Und sie kannten das Mysterium von der Zeugung und Geburt des ICHBIN und die notwendige mütterliche Aufmerksamkeit, die man dem Embryo angedeihen lassen muss.

Aber nicht ein Licht soll aufsteigen und kreisen, wie im "Geheimnis der goldenen Blüte" beschrieben, nicht Meditation ist gefragt, sondern Wachsein. Das Licht, das aufsteigt, ist die Erkenntnis

ICHBIN. Das ICHBIN, das sich in den Eindrücken, die man wahrnimmt, immer wieder verliert, muss zurück ins Bewusstsein gehoben werden. Im Alltag, täglich, immer, sobald man bemerkt, dass man sich vergessen hat. Vergessen hat, dass man ein Geistwesen ist, das gerade die stoffliche Welt durch einen stofflichen Körper erblickt.

MOLEKÜLE DES BEWUSSTSEINS

Bild Seite 147. (Rosenkreuzer Tafel 33) Auch auf dieser Tafel der Rosenkreuzer wurde offensichtlich versucht, die komplexen Verschränkungen sowohl der physischen Bausteine, als auch der feinstofflichen Wesenszellen auf den verschiedenen Ebenen darzustellen.

Die Proteine sind die Werkzeuge und Bausteine des Lebens. Die Werkzeuge und Bausteine des Geistes sind die Urqualitäten, die Elementale und die Elementare. Sie Wechselwirken miteinander, was zur Bildung der Elemente und im Weiteren zu den planetaren und zodiakalen Strukturen führt. Die Wesenszellen sind nicht nur lebendige Geister, sondern, wie die Proteinmoleküle, Bausteine und Werkzeug des Geistes. Sie sind genauso komplex strukturiert und vernetzt wie die physischen Biomoleküle. Auf den feinstofflichen Ebenen verbinden sie sich auf ähnliche Weise zu den individuellen Strukturen des Bewusstseins, die wir als Charakter und Wesensmerkmale wahrnehmen.

Man kann diese alchemistisch- quabbalistische Tafel der Rosenkreuzer mit der Darstellung der Proteinstrukturen vergleichen. Auch die Urqualitäten lösen und binden, treiben an und haken fest, schneiden, löten und wirken als Sensoren oder Katalysatoren. Die Schwere von Blei zum Beispiel bewirkt auf der Bewusstseinsebene das Schwermütige des Saturn. Die Leitfähigkeit von Kupfer realisiert auf den feinstofflichen Ebenen die Liebe durch Venus usw. Die unterschiedlichen Eigenschaften tragen das Ich.

Bewusstsein ist kein biologisches Phänomen, sondern beruht, unabhängig von den neuronal gespeicherten Vorstellungen, auf der

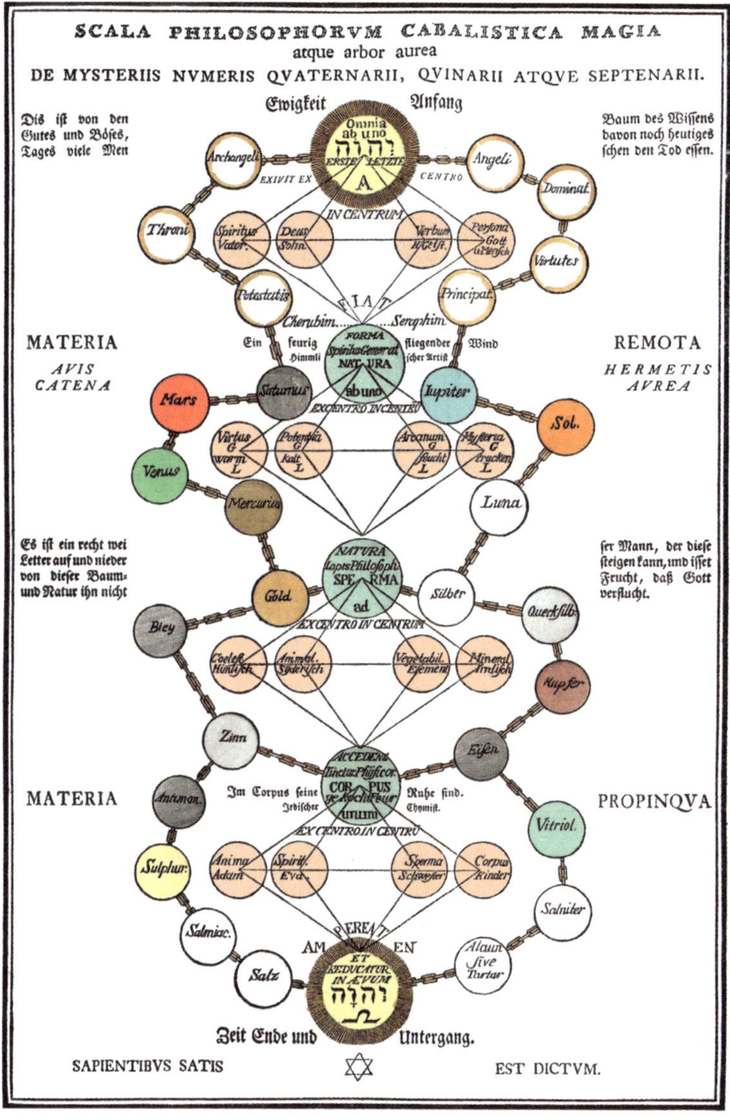

SCALA PHILOSOPHORVM CABALISTICA MAGIA
atque arbor aurea
DE MYSTERIIS NVMERIS QVATERNARII, QVINARII ATQVE SEPTENARII.
Ewigkeit
Anfang
Dis ist von den
Gutes und Böses,
Tages viele Men
Baum des Wissens
davon noch heutiges
schen den Tod essen.
Omnia ab uno
יהוה
ERSTE
LETZTE
A
EXIVIT EX
CENTRO
IN CENTRUM
Archangeli
Angeli
Dominat.
Throni
Virtutes
Potestatis
Principat.
Spiritus Vater.
Deus Sohn.
Verbum H.Geist.
Persona Gott u.Mensch
FIAT
Cherubim
Seraphim
MATERIA
AVIS
CATENA
REMOTA
HERMETIS
AVREA
Ein
feurig
Himmli
FORMA
NAT URA
ab uno
fliegender
scher Artist
Wind
EX CENTRO IN CENTRU
Mars
Saturnus
Jupiter
Sol.
Venus
Mercurius
Luna
Es ist ein recht wei
Letter auf und nieder
von dieser Baum-
und Natur ihn nicht
ser Mann, der diese
steigen kann, und isset
Frucht, daß Gott
verflucht.
NATURA
Lapis Philosoph.
SPE RMA
ad
EX CENTRO IN CENTRUM
Gold
Silber
Bley
Quecksilb.
Kupfer
Zinn
Eisen
MATERIA
PROPINQVA
ACCEDENS
Tinctur Physicor.
COR PUS
unum
Im Corpus seine
Irdischer
Ruhe find.
Chymist.
EX CENTRO IN CENTRU
Antimon.
Vitriol.
Sulphur.
Salniter
Anima Adam
Spirit. Eva
Sperma Schwester
Corpus Kinder
Salmiac.
PEREAT
AM
EN
Alaun sive Tartar
Salz
ET REDUCATUR IN ÆVUM
יהוה
Zeit Ende und
Untergang.
SAPIENTIBVS SATIS
EST DICTVM.

Aufmerksamkeit. Auf den feinstofflichen Ebenen sind Bewusstseinsinhalte nicht von der Aufmerksamkeit zu trennen. Wahrnehmungen werden zu Bewusstseinsträgern und sind damit Wesenszelle, Baustein und Werkzeug zugleich. Spukhafte Fernwirkung nannte Einstein das Phänomen der Verschränkungen von Ursache und Wirkung in der Physik des Mikrokosmos, das wir auch auf den feinstofflichen Ebenen beobachten, aber nicht erklären können.

Magie und Mystik stehen erst am Beginn der Erforschung der feinstofflichen Wesenszellen. Es wird noch eine Zeitlang dauern, bis wir alles über die Vernetzungen dieser bewusstseinstragenden Teilchen wissen und lernen, wie sie zu lenken sind. Entscheidende Hinweise werden nicht Eingeweihte der Magie, sondern Biophysiker, Molekularbiologen und Quantenphysiker geben. Der notwendige Schulterschluss mit den Naturwissenschaften erfordert jedoch, dass sich die Magie und Mystik auch um die Empirie kümmern muss. Die Astrologie wird dazu die ersten Bausteine liefern.

Es gibt Teilchen, aus denen die ***Welt*** *besteht, und es gibt die* ***Kräfte****, mittels derer sie aufeinander einwirken.*
Steven Weinberg, Physiker, Nobelpreisträger 1979

Es gibt Teilchen, aus denen der ***Geist*** *besteht, und es gibt die* ***Kräfte****, mittels derer sie aufeinander einwirken.*
Emil Stejnar

CUI BONO? WEM DIENT ES?

Dass es Götter, Genien und Dämonen gibt, gilt für den Geistesforscher im dritten Jahrtausend als erwiesen. Auch unsere These, dass die Menschen lebendige Spielefiguren im dreidimensionalen Strategiespiel der Götter sind, und dass der Liebe Gott, der für Gerechtigkeit sorgen sollte, sich aufs Ohr legte und schläft, scheint sich zu bestätigen. Anders ist der katastrophale Zustand, in dem sich die von Menschen regierte Welt befindet, nicht zu erklären.

Aber wem dient die Schöpfung? Spielen die Götter zu ihrem persönlichen Vergnügen oder haben sie unterschiedliche Pläne für die Menschheit im Sinn? Wie ist die Hierarchie aufgestellt? Wie springt man vom Spielbrett? Wie profitiert man vom kosmischen Spiel? Wiedergeburt für Jedermann? Lässt sich die Karmatheorie auch logisch und mathematisch nachvollziehen, oder ist dieser Planet eine himmlische Strafkolonie?

Cui bono? Wem dient das Gute? Wem dient das Böse? Wer hat Lust am Leiden der Leidenden? Diese provokanten Fragen werden in den Schriften nicht beantwortet. Sie wurden bisher aber auch nicht gestellt, und in manchen Früchten vom Baum der Erkenntnis steckt tatsächlich der Wurm.

Dieses Buch ist daher kein Aufruf, in staubigen Manuskripten nach Weisheit zu wühlen. Heute schöpfen wir unsere Erkenntnisse nicht aus alten Schriften und kryptischen Bildtafeln, sondern aus eigener Erfahrung und aus den Forschungsergebnissen der modernen Wissenschaft.

Die neuen Adepten wirken keine Wunder, sondern bewegen und beherrschen die Welt dank revolutionärer Einsichten in die Gesetze der Natur. Nicht die geistigen Welten, sondern die Mysterien der Materie und des Lebens sind die Grundlage der heutigen Magie. Immer mehr Persönlichkeiten aus der Welt der Wissenschaft tragen ihr Wissen in die Welt der Esoterik und gelangen dank der Formel: "Wie oben so unten", zu neuen Erkenntnissen über das Wesen von Seele und Geist.

**Aber die wichtigste Frage, die es zu klären gilt, ist:
Wer inszeniert das kosmische Spiel? Wem dient der Aufwand?
Wer profitiert davon? Wer steht hinter der Schöpfung und –
WER STEHT HINTER DEM, DAS ICH GERADE WILL?**

"MAGIE UND MYSTIK IM 3. JAHRTAUSEND"

Magie ist die Wissenschaft von der Arbeit mit dem Geist und die Kunst von der Gestaltung des Ich. Mit Geist sind die feinstofflichen, höchst lebendigen Formen der Gedanken und Vorstellungen gemeint: Die inneren Bilder, die Gefühle und Emotionen wecken, die einen dann anregen und bewegen oder hemmen können.

Ein weitverbreiteter Irrtum unter Esoterikern ist, dass man den Geist als nebuloses, unstoffliches Lichtgespinst sieht. Geistpartikel verklumpen zwar nicht zu Erde, Wasser, Feuer oder Luft, aber auch sie treten in vier verschiedenen Aggregatzuständen auf und unterliegen, genauso wie die kompakten Atome und Moleküle, ordnenden Gesetzen. Durch Konzentration und Imagination lässt sich der Geist zu Bildern und Einbildungen formen. Dabei kann man beobachten, wie sich die Gedankenbilder, Vorstellungen und Gefühle zu mentalen Komplexen verbinden, die, wenn man sie nicht kontrolliert, im Bewusstsein ein Eigenleben entwickeln, was einem unter Umständen die Freiheit nimmt. Nicht nur in Form von Phantasien, Zwangsvorstellungen oder anderen psychischen Komplexen, auch die Vorstellung von der Torte oder dem Bier, die einen zum Kühlschrank drängt, bewegt uns nicht nur innerlich, sondern ergreift den ganzen Körper.

Zu den wohl wichtigsten Ergebnissen der modernen Geistesforschung gehört die Erkenntnis, dass die Gedanken, Vorstellungen und Gefühle, auf die sich das Bewusstsein der Menschen stützt, die feinstofflichen Wesenszellen des Geist- und Seelenkörpers sind, - und - dass auch der Geist der Götter, Genien und Dämonen aus solchen Wesenszellen besteht. Gedanken und Gefühle sind das lebendige Fleisch des Geistes und der Geister. Das bedeutet, wir wissen, was die Wesen der feinstofflichen Ebenen mit den Wesen der irdische Welt verbindet und kennen die mentalen Botenstoffe.

Die "Magie und Mystik im 3. Jahrtausend" lehrt, wie man seine persönlichen geistigen Wesenszellen, die sich, im Unterschied zu den grobstofflichen Körperzellen, aufführen als wären sie kleine Geister, kontrolliert, und wie man dadurch auch den Einfluss der Götter und Dämonen, die über diese gemeinsamen Wesenszellen die Menschen und das irdische Geschehen beeinflussen, kontrollieren kann. Dank neuer Erkenntnisse in der astrologischen Forschung kennen wir auch die Gezeiten der Macht der Genien und Dämonen und die Zeit in, der wir selber mächtig sind. Die Astrologie beschreibt nicht nur die Qualitäten der Wesenszellen, sondern auch die Anatomie und Physiologie vom feinstofflichen Körper und hat den Genetischen Code von Geist und Seele geknackt. Mit diesem Wissen kann jeder sich selbst und sein Leben mitgestalten.

Es gibt Erkenntnisse, die erst nach einer gezielten Geistesschulung und menschlichen Reife richtig erfahren und erfasst werden können. Aus diesem Grund haben die Traditionen ihr Gedankengut immer nur ausgewählten, starken, und entsprechend vorbereiteten Schülern zugänglich gemacht. Aber der Zeitgeist, der heute das Denken, Fühlen und Agieren vieler Menschen bestimmt, ist entartet. Die vorgesehene Entwicklung zur Vervollkommnung der Wesen auf diesem Planeten wird immer mehr von negativen Mächten behindert. Es ist notwendig, dass die Menschen mehr über die Verbindungen und Wechselwirkungen, die zwischen den feinstofflichen Welten und der physischen Welt bestehen, erfahren. Heute wird niemand mehr davon geschockt, denn die "Magie und Mystik im 3. Jahrtausend" beschreibt auch, wie man sich den Mächten entgegenstellt.

So hat nach Franz Bardon auch Emil Stejnar die geheimen Instruktionen der Gnostischen Hermetik sowie die neuesten Forschungsergebnisse dieser magischen Tradition, in Form der 13 Bände "Magie und Mystik im 3. Jahrtausend" an die Öffentlichkeit gebracht. Damit ist die Zeit der Geheimnisträger und Geheimbünde endgültig vorbei. Erkenntnisse, die nie zuvor veröffentlicht wurden, sind zugänglich geworden und verborgene Zusammenhänge zwischen den geistigen Sphären und der Menschenwelt werden enthüllt.

Die Bücher der "Magie und Mystik im 3. Jahrtausend" bringen keine neue Weltverschwörungstheorie, sondern decken auf, was bisher nicht bekannt gewesen ist: Nämlich, dass die wirklichen Lenker dieses Planeten nicht auf der politischen Bühne oder in Geheimbünden sitzen, sondern auf den feinstofflichen Ebenen zu suchen sind. Es sind Mächte aus dem Reich der geistigen Welten, welche die Menschen in ihrem Sinne inspirieren und damit die Geschicke der Menschheit bestimmen.

Die Bücher der "Magie und Mystik im 3. Jahrtausend" beschreiben nicht nur diese Mächte, sondern zeigen auch einen Weg, wie man sein "Ich" gestaltet, erwacht und sich aus deren Machtbereich befreit. So wie die Naturwissenschaften und die Technik hat sich auch die Wissenschaft vom Geist und von der Seele weiter entwickelt. Neue Erfahrungen wurden gemacht, wertvolle Einsichten gewonnen, man ist nicht nur dem Geheimnis der Götter und Dämonen, sondern auch dem Mysterium des Bewusstseins und der Bewusstseinsträger auf der Spur.

Das Besondere der neuen Erkenntnisse und Übungen ist nicht, dass man magische Macht erlangt, sondern dass man sich so verwandelt, dass man diese gar nicht mehr braucht. Im selben Maße, wie die Fähigkeiten, magisch zu wirken, wachsen, wird der Wunsch, die erlangten Fähigkeiten einzusetzen, schwinden. Das ist ein Mysterium, das jeder erlebt, der den aufgezeigten Weg auch wirklich geht. Es geht also nicht nur um Magie und Mystik. Die moderne Wissenschaft vom Geist bietet auch im profanen Leben eine wertvolle Lebenshilfe. Nicht Geister werden beschworen, sondern die Macht und Kraft des eigenen Geistes wird geweckt. Das Ziel ist nicht, mit Magie über die Welt und die Geister zu herrschen, sondern, sich selbst so zu wandeln, dass einen die Welt und die Geister nicht mehr beherrschen können.

Der Leser, der den Instruktionen und Ratschlägen folgt, wird zu einem Meister und Priester der Geheimwissenschaft, dem kein Manuskript oder Guru oder Orden noch etwas bieten kann. Er ist selbst in der Lage, anderen Menschen als geistiger Führer den Weg zu weisen.

Die Bücher der "Magie und Mystik im 3. Jahrtausend" umfassen 13 Bände. Sie bieten eine seriöse, umfassende Einführung in das Gesamtgebiet der Esoterik und sind ein einzigartiger Lehrkurs der Magie und Lebensschule. Emil Stejnar hat mit seinem Werk die Magie und Mystik aus der mittelalterlichen Welt der Wunder in die moderne Welt der Wissenschaft geführt.

1. Buch: DAS BUCH DER MEISTER UND SEINE ERBEN.

Ein Einweihungsroman.

Der Autor schildert die zum Teil auf Tatsachen beruhenden Abenteuer aus zwei Inkarnationen eines Eingeweihten und den Weg, den jeder, der wie dieser Meister den geheimen Anleitungen folgt, zu gehen hat:

In einer Wiener Freimaurerloge wird der Arzt Dr. Michael Stein in den Meistergrad erhoben. Während des geheimnisvollen Rituals erlebt er eine so genannte Seelenreise und wird dabei in die Zeit des 13. Jahrhunderts versetzt: Er ist Mönch und eingeweiht in die Mysterien der Templer. Und er ist dem Geheimnis von Baphomet auf der Spur. Wegen seiner spektakulären Heilerfolge wird er der Hexerei beschuldigt und auf dem Scheiterhaufen hingerichtet. Aber statt in den Flammen zu sterben, erwacht der Mönch im Logentempel, im Körper des Michael Stein. Erschüttert wird ihm bewusst, dass ihn seine Vergangenheit eingeholt hat. Er erinnert sich an seine Mission: An ihm liegt es, ob die Menschen noch zu retten sind, oder ob Baphomet und seine irdischen Handlanger siegen. Er muss die Truhe mit den Gegenständen der Macht und dem Buch der Meister, die er damals vor seinem Tod in einer Höhle versteckte, wieder finden. Maria, die fünfzehnjährige Tochter seines zwielichtigen Logenbruders Brandström, wird ihn auf seiner abenteuerlichen Suche begleiten. Dabei wird er sie, und mit ihr den Leser, in die Geheimnisse der Magie und Mystik einführen. Eine zarte, jahrtausende alte Liebe verbindet die beiden, aber sie ahnen nichts von der Gefahr, die sie bedroht. Denn auch die irdischen Vertreter des Bösen, die Brüder des Schattens, sind hinter der Truhe her und werden die beiden gnadenlos verfolgen.

Das Leserecho bestätigt, "Das Buch der Meister" ist weit mehr als ein Fantasy-Roman. Höchste Erkenntnisse werden auf leicht verständliche Art erklärt und offengelegt. Allein die durch die Wortmagie übertragenen Bilder der geheimnisvollen, phantastischen Szenen hinterließen bei vielen Lesern einen solch nachhaltigen

Eindruck, dass sich ihr ganzes Leben wandelte. Was sonst nur durch besondere Initiationsrituale bewirkt wird, bewirkt das Mysterium der Geschichte und bezieht den Leser in sein Mysterium ein. Der Leser erlebt tatsächlich hautnah eine Initiation, also eine Bewusstsein verändernde Weihe, welche die Persönlichkeit verwandelt und das ganze weitere Leben in neue Bahnen lenkt. Man kann daher ohne zu übertreiben sagen, dass es sich bei diesem Buch um einen magischen Text handelt, der eine geistige Kraft in sich birgt, die Außergewöhnliches bewirkt. Der Leser wird beim Lesen selbst zum "Erben" vom "Das Buch der Meister" und zu einem Eingeweihten der geheimnisvollen gnostisch-hermetischen Tradition.

Aus dem Inhalt:

- Das Mysterium von Geist und Seele.
- Der persönliche Seelengarten, in dem man nach dem Tod erwacht.
- Wer sind die wahren Lenker des Geschehens auf diesem Planeten?
- Baphomet, der Herr der Welt und die Fürsten der Macht.
- Die geheimen Oberen im Diesseits und im Jenseits.
- Wie man sich aus ihrem Machtbereich befreit.

2. Buch: EXERZITIEN FÜR FREIMAURER.

Instruktionen und Logenvorträge

Sicher haben Sie sich schon gefragt: Wer bestimmt wirklich die Geschicke der Welt? Woher beziehen die Mächtigen ihre Macht? Wer schützt sie, wer stützt sie, wer gibt ihnen Kraft? Wieso haben manche Menschen immer Erfolg, während andere sich mühen und plagen und trotzdem nicht weiterkommen? Geht das mit rechten Dingen zu? Die Antwort ist: ja. Es gibt nämlich Mechanismen der Macht, die wertfrei sind und geistigen Gesetzen folgen. Wer diese Gesetze kennt, kann die dahinter wirkenden Mächte zu seinem Vorteil nützen. Seit Jahrtausenden pflegen Eingeweihte in ihren Traditionen dieses Wissen und geben es an geeignete Persönlichkeiten weiter. Nicht nur die Freimaurer, auch die katholische Kirche hat ihre

Esoterik und den Schlüssel zu den Mysterien der Magie und Mystik.

Aber die Zeit der Geheimnisse ist vorbei. Dank der Exerzitien kann jeder Leser die Macht und Kraft des Geistes in sich erwecken und benützen. Der Zugang zu den Mysterien, welche die Handhabung der vier Elemente und den Umgang mit den Mächten der Götter lehren, steht heute jedem offen. Nachdem Franz Bardon mit seinen Werken den "Weg zum wahren Adepten" gewiesen hat, werden Stejnars Bücher diesen Weg erhellen und Stärke geben auf dem Weg zu einem wachbewussten ICH.

Aus dem Inhalt:

- Exerzitien für Freimaurer.
- Ritualmagie im Logentempel.
- Die magische Forschungsloge "Esoterischer Kreis".
- Die Reisen durch die Elemente Feuer, Wasser, Luft und Erde.
- Wie man die Macht und Kraft der Elemente in sich erweckt.
- Das Mysterium der vier Elemente.
- Die Kybernetik des Bewusstseins.
- Die geheime Macht der christlichen Mystik.
- Die magische Schulung der Jesuiten.
- Wie man sich selbst und andere beherrscht.
- Wie sich überdurchschnittliche Begabungen entwickeln.
- Wie sich übernatürliche Fähigkeiten entfalten.
- Wie man sein inneres Gleichgewicht erlangt.
- Das Geheimnis des Erfolgs.
- Die Grundlagen der gnostisch-hermetischen Tradition.
- Magie und Mystik im dritten Jahrtausend.
- Die Arbeit mit dem Geist: 60 Jahre praktische Erfahrung mit Magie.

Was bisher über die Freimaurer an die Öffentlichkeit drang, sind Verschwörungstheorien und Gerüchte, die der Realität in keiner Weise entsprechen. Das wahre Geheimnis der Freimaurerei ist nur wenigen bekannt: Es ist die Praxis der Magie und Mystik, die im Ritual und im richtigen Gebrauch der Symbole enthalten ist. Dieses

Buch gibt erstmals Einblicke in diese verborgene Seite der Logen und Ordensgemeinschaften. Stejnar beschreibt auch den Geist, der die Menschen im Tempel bewegt.

Die geistigen Organe und die Kybernetik von Geist und Seele: Feuer, Wasser, Luft und Erde - Denken, Fühlen, Wollen und Sein. Das sind die vier Elemente des Lebens und die vier energetischen Glieder des menschlichen Seins. Der Freimaurer lernt, wie man diese vier Elemente, welche in ihrer Wechselwirkung die Grundlage des Bewusstseins bilden, dank einer besonderen Geistesschulung beherrscht. Indem er jedem dieser Elemente den gleichen Stellenwert beimisst, findet er ein fünftes Element: sein waches ICH-SELBST. Von diesem Standpunkt aus beherrscht er nicht nur sich selbst, sondern auch alle anderen Mächte, Wesen und Geister. Er ist nicht an ein Kreuz genagelt, sondern wird durch die Vier Streben gestützt.

Das verlorene Wort und das verlorene Symbol: Was Dan Brown in seinem Buch über die Freimaurer "Das verlorenen Symbol" nur andeutet, wird von Stejnar enthüllt und beschrieben: Das Mysterium vom verlorenen Wort und das Geheimnis der Pyramidenspitze. Stejnar erklärt, wie man die fünf Ecken der Pyramide in Form eines Pentagramms miteinander verbindet und damit die "fünf Punkte der Meisterschaft" erweckt.

Die Magie und Mystik der christlichen Tradition: Es ist wenig bekannt, dass auch die katholische Kirche, die offiziell jede Form der Magie verdammt und verteufelt, selbst magische Übungen und Praktiken pflegt. Die Übungen der Jesuiten sind nichts anderes als die Schulung von Geist und Seele, die auch die Tradition der Hermetik lehrt.

Logenvorträge: Geheime Instruktionen, Anleitungen und Praktiken, die bisher nur wenigen Eingeweihten vorbehalten waren, werden nun erstmals auch Außenstehenden zugänglich gemacht.

3. Buch: DIE VIER ELEMENTE.

Der geheime Schlüssel zur geistigen Macht.

Geist und Seele sind kein nebuloses Lichtgespinst, sondern bestehen, so wie der grobstoffliche Körper, aus Gliedern, Organen und geistigen Wesenszellen. Diese Wesenszellen des Geistes sind selber kleine Geister, die man beherrschen muss, wenn man die Welt des Geistes und die Geister beherrschen will. Nur wer seinen eigenen Geist, seine Gedanken, Gefühle und Emotionen - also die Wesensgeister, aus denen er besteht, - beherrscht, beherrscht auch den Geist der Götter, Genien und Dämonen.

Die gnostische Hermetik beschreibt, wie man die Energie dafür gewinnt. Sie kennt verschiedene Techniken, mit denen man seine Triebe und Emotionen in reine Geisteskraft verwandelt und sein Bewusstsein so weit festigt, dass man es über alle sichtbaren und unsichtbaren Schranken erhebt und auch im Tod nicht verliert. Sie zeigt, wie man seine Schwächen in Stärken verwandelt.

Das wahre Ziel ist aber nicht, mit magischer Macht die Welt oder die Geister zu beherrschen, sondern sich zu wandeln, dass einen umgekehrt die Welt und die Geister nicht mehr beherrschen können. Das wird dank der besonderen Geist- und Seelenschulung auch erreicht. Der gnostische Hermetiker zieht sich dazu nicht stundenlang zurück, um sich zu versenken oder zu meditieren, sondern nützt ganz bewusst den Alltag als Schulung für seinen Geist. Nicht Trance, sondern Wachsein wird angestrebt.

Aus dem Inhalt:

- Wie man seinen unsterblichen Lichtleib gestaltet.
- Wie man die geistigen Mächte beherrscht.
- Magie im Alltag: die Magie des Denkens, des Wünschens und Verwünschens und die "schwarze" Magie der Angst.
- Die Magie der Hilfsgeister: Der Kyilkhor und der Geist in der Flasche.
- Alchemie: Die geheime Praxis der alchemistischen Transformation. Wie man im Diesseits das Gold für das Jenseits schürft.

- Die Magie der Bücher und der Wortmagie: die Sprache magisch verwenden. Jedes Wort ist ein wirkendes Wesen.
- Quabbalah: Die Formelmagie nach Franz Bardon für die Praxis.
- Logenmagie: Das Ritual der Hermetischen Vier. Dieses Ritual gibt Zugang zur Macht und Kraft der vier Elemente. Damit haben auch Suchende, die sich nicht durch Eide binden lassen wollen, Zugang zu einer Ritualmagie, die bisher nur Mitgliedern von Logen und Orden vorbehalten war. Das Ritual ist nicht nur für Tempelarbeiten in einer Loge vorgesehen. Man kann damit auch allein arbeiten, um sein inneres elementares Gleichgewicht zu erlangen.
- Mystik: Das "Ritual der Klosterpforte" öffnet jedem das Tor zu einem inneren Kloster, das er jederzeit betreten und verlassen kann und das ihn in den Geist der weltweiten Gemeinschaft aller in klösterlicher Zurückgezogenheit lebenden Brüder und Schwestern einbindet, ohne dass er der Welt entsagen muss.
- Nach dem Tod: erwacht man nicht in einem "Jenseits", sondern zuerst in seinem ganz persönlichen "Seelengarten", in dem das Innere, die Gedanken und Gefühle, zur Umwelt werden. Nur wer darauf vorbereitet ist, kann sein Bewusstsein bewahren.
- Priesterschule und Lebenshilfe: Das Buch versetzt den Leser in die Lage, auch anderen mit der Kraft des Geistes zu helfen. Die Erkenntnisse waren ursprünglich nur für Priester und Eingeweihte zur Ausbildung ihrer Nachfolger vorgesehen. Wer dem Weg folgt, ist befähigt, Suchenden den Weg zum Licht und zu sich selbst zu weisen.

4. Buch: AUSSERKÖRPERLICHE ERFAHRUNGEN.

Wie man lernt, ohne seinen Körper zu leben.

Es gehört zu den beeindruckendsten Erfahrungen und ist einer der Höhepunkte auf dem hermetischen Weg, sich außerhalb seines Körpers zu erleben. Selbst erhabenste geistige Erkenntnisse bleiben Theorie, solange man seine eigene geistige Beschaffenheit noch nicht hautnah empfunden hat. In den alten Tempelschulen gehörte daher dieses Erlebnis zur ersten Lektion, die dem Neophyten bei seiner Initiation erteilt wurde. "Magie und Mystik im 3. Jahrtausend" folgt wieder dieser alten Tradition und weiht interessierte Schüler in das Geheimnis des Astralwanderns ein. Es wird dazu eine ganz neue Technik verwendet, die es jedem sehr rasch ermöglicht, seinen Körper zu verlassen. Bereits die Vorübungen und ersten Versuche zum Wandern geben Einblicke in ein völlig neues Dasein und bilden feinstoffliche Wesenszellen aus, die nicht nur für das Bewusstsein im außerkörperlichen Zustand, sondern auch für das bewusste Leben nach dem Tod unentbehrlich sind.

Aus dem Inhalt:

- Die zwölf Schritte, die das Bewusstsein erheben und vom Körper befreien:
- Wachsein im Alltag, Wachsein im Traum
- Der Traumkörper als Bewusstseinsträger
- Wie man das Traum-Bewusstsein schult
- Richtig einschlafen
- Wie man lernt, im Traum zu erwachen
- Der luzide Traum als Startrampe für Mentalreisen
- Flugträume als Starthilfe
- Das Geheimnis vom fliegenden Teppich
- Im Grenzland der Träume - In fremden Seelengärten
- So kann jeder seinen Körper verlassen
- Die Traumwelt als Ort für Begegnungen mit dem Tod

Bisher versenkte man sich in seinen Körper, versetzte sich in Trance und erwartete, dass man sich bewusst aus diesem erhebt. In der Regel funktioniert das aber nicht. Das ist, als wollte ein Astronaut gleich vor seinem Haus mit seinem Auto zum Mond starten.

Zukünftige Raumflüge werden aus einer Umlaufbahn um die Erde beginnen und die beste Startrampe für Astralreisen findet man auf der Traumebene. Sobald man auf dieser erwacht, also luzid träumt, kann man sich von seinem Körper lösen.

Gezielte Geistesforschung hat gezeigt, nicht Trance, sondern Wachsein ist die Voraussetzung für Astralreisen. Die besten Bedingungen dazu findet man in der Welt der Träume, da ist das Feinstoffliche schon etwas vom Grobstofflichen gelöst und man kann seinen Körper leichter verlassen. Aus einem Wachtraum heraus ist das viel einfacher als aus dem reduzierten Bewusstseinszustand in Trance. Luzides Träumen kann man lernen. Es gibt eine einfache Technik, mit der man diese Fähigkeit entwickelt.

Die Traumwelt ist auch ein Ort für Begegnungen mit den Toten. Aber heraus aus dem Körper bedeutet nicht zugleich hinein in eine andere Welt. Der Bewusstseinszustand, in dem man sich dabei befindet, lässt einem zwar das, was man erlebt, als absolute Realität erscheinen, aber nicht alles entspricht tatsächlich der Wirklichkeit. In die geschaute Landschaft können sich Phantasien, eigene und die von anderen Lebenden und Verstorbenen, drängen. Auch dafür gibt es eine Wegleitung, sich in diesen verworrenen Welten besser zu orientieren und die besondere Symbolik, die der Geist zwischen den Ebenen verwendet, richtig zu begreifen. Wer seine Situation erfasst und die Symbolsprache versteht, gewinnt im Traum bessere Einblicke in andere Ebenen als durch Beschwörungen, mediale Botschaften oder Experimente in Trance.

5. Buch: ASTROLOGIE.

Navigation für den Lebensweg
Genetischer Code von Geist und Seele

Emil Stejnar war fünf Jahrzehnte lang astrologischer Lebensberater. Er beschreibt nicht nur den Zugang zur klassischen Astrologie, sondern eröffnet auch ganz neue Erkenntnisse und Perspektiven.

- Ein Horoskop beschreibt die Anatomie und Physiologie von Geist und Seele. Die Planeten entsprechen den geistigen Organen, die das Bewusst sein ermöglichen, und deren Position im Augenblick der Geburt bestimmt deren Funktionstüchtigkeit und Qualität: Die Sonne ist das Organ für das Selbstbewusstsein, der Mond für das Gefühlsleben, der Merkur für das Denken, die Venus für Liebe, der Mars für die Antriebskraft, der Jupiter für das Rechtsempfinden, der Saturn für Disziplin. Mit Uranus, Neptun, und Pluto blickt man über seinen Bewusstseinshorizont hinaus. Aus dem Zusammenwirken der Organe ergibt sich die Anlage für den Charakter und das persönliche Wesen.
- Eine astrologische Prognose berechnet, wann, auf Grund der sich laufend verändernden Planetenpositionen, welche Organe besonders stark aktiviert oder beeinträchtigt sein werden, und wann welche Organe besonders gut oder weniger gut funktionieren.
- Die Mundanastrologie untersucht den Zeitgeist, der als Trend und Richtung weisende Strömung das Bewusstsein der Menschen und das Geschehen in der Welt bestimmt.

Mit der Astrologie kann man sich, seinen Nächsten und die kosmischen Gezeiten erkennen und die wirkenden Mächte zur Selbstgestaltung und zum erfolgreichen Handeln nützen.

Von allen philosophischen, religiösen und okkulten Traditionen ist die Astrologie die einzige Geisteswissenschaft, mit der man nachweisen kann, dass es den Geist und die geistigen Mächte (Energien oder Götter) tatsächlich gibt. Astrologie ist eine empirische Lehre, die auf Beobachtung von kosmischen Veränderungen und deren Wirkung auf das Bewusstsein beruht.

Mit diesem Buch lernt auch der Laie sehr rasch die Grundregeln der Astrologie zu verstehen. Der Anfänger wird erstaunt sein, wie einfach es ist, ein Horoskop zu begreifen, und der erfahrene Astrologe wird mit den neuen Erkenntnissen neue Möglichkeiten für seine astrologischen Analysen finden.

Die Astrologie dient nicht dazu, dass man fragt, was das Schicksal bringt, sondern, dass man weiß, wann man handeln soll, damit das, was man plant, gelingt, und sich das, was man befürchtet, nicht verwirklichen kann.

6. Buch: DER ADEPT FRANZ BARDON.

Wer war er? Was lehrte er? Wohin führt sein Weg?

Franz Bardon war sicher die bedeutendste Persönlichkeit auf dem Gebiet der Hermetik. Er hat mit seinen Werken die Geisteswissenschaften für die nächsten Jahrhunderte geprägt und die Grundlage für die "Magie und Mystik des dritten Jahrtausends" geschaffen.

Das eigentliche Ziel des Weges den er beschreibt, ist nicht magische Macht zu erlangen, sondern die Vervollkommnung von Geist und Seele. Es geht um mehr Geisteskraft, damit man das Leben, sowohl im Diesseits als auch im Jenseits, selbst und bewusst gestalten kann. Nicht alle "wahren Adepten" beschwören Geister und wirken Wunder. Jede Persönlichkeit, die Außergewöhnliches für die Menschheit leistet, jeder hervorragende Künstler, Arzt oder Wissenschaftler, jeder, der selbstlos für Freiheit, Frieden und Fortschritt sorgt, kann ein hoher Eingeweihter sein. Magie ist ein Hochleistungssport, der die volle Aufmerksamkeit und ganze Persönlichkeit beansprucht. Was Bardon beschreibt, kann nicht nebenbei wie ein Hobby betrieben werden. Wer eine bedeutsame Mission übernimmt, verzichtet daher gerne auf die Erinnerung an seine magischen Fähigkeiten, damit er sich voll seiner konkreten irdischen Aufgabe widmen kann.

Auch wer sich nicht mit Magie beschäftigt, kann nach den Anleitungen von Franz Bardon sein Leben, seinen Geist und seine Seele zum Besseren gestalten. Wenn man, wie in Stejnars Buch noch erklärt wird, seine Ausführungen in den Alltag integriert, wird der Weg, den Bardon beschreibt, zu einer praktischen Lebenshilfe.

Stejnars Buch ist ein Wegweiser auf Bardons "Weg zum wahren Adepten". Es werden Fragen, die immer wieder auftauchen, beantwortet, der Weg wird erhellt und Unklarheiten über Franz Bardon werden richtig gestellt. In einem Jahr ist noch keiner ein Adept geworden. Manche Praktiker, die das nicht beachten, glauben, sie machen etwas falsch, zweifeln an sich oder an Franz Bardon und üben nicht mehr weiter. Das ist schade, aber verständlich, denn der Weg ist leider wirklich nicht so leicht zu meistern, wie es Franz Bardon in Aussicht stellt. Trotzdem ist das kein Grund zu resignieren. Stejnar beschreibt erprobte Techniken, mit denen man diese Hindernisse überwinden kann.

Aus dem Inhalt:

- Franz Bardon: Wer war er, was lehrt er, wohin führt sein Weg?
- War Franz Bardon wirklich ein Adept?
- Auszüge aus Briefen von Franz Bardons Witwe.
- Briefe von Franz Bardon
- Das war Franz Bardon; Zeitzeugen erzählen.
- Stimmt das, was in FRABATO geschildert wird?
- Gab es die Loge des FOGC und wer ist Baphomet?
- Wie ist das mit Bardons Genien und der Abramelin Magie?
- Kann man nach Franz Bardons Instruktionen magisch wirken?
- Was macht man falsch, wenn es nicht funktioniert?
- Wie schafft man den Weg, den Franz Bardon beschreibt?
- Bardon und die Dämonen, die Freimaurer und die Alchemie.
- Persönliche Briefe an Freunde über Bardons Magie und Mystik.
- Erlebnisse aus der eigenen Praxis und Ratschläge für den Weg.

- Sättler, Quintscher, Bardon, Stejnar.
- Das Geheimnis der 4. Tarotkarte.
- Das Mysterium Tarot Karte 00.
- Die Pyramide und das Pentagramm

Mit diesem Buch erhält der Leser noch etwas ganz Besonderes. Eine einzigartige Ikone: DIE SONNE DES FRABATO. Es ist ein Bild, das Franz Bardon seinen Schülern und Patienten als ganz persönliches Amulett schenkte und sie auf diese Weise in seine Kraft mit einbezog. Dieses Bild stellt Bardons Leitgedanken als vierfarbiges Mandala dar: **Das Göttliche offenbart sich wie eine strahlende Sonne. Die Sonne durchbricht die Wolken. Das Licht siegt über die Finsternis.**

Bardon machte dieses Mysterium zu seinem persönlichen Logo und verwendete das Symbol der Sonne in Verbindung mit dem Schriftzug FRABATO auch für magische Zwecke. Dieses von positiven Kräften durchdrungene Mandala, das bisher noch nie veröffentlicht wurde und nach Bardons Ableben nur ganz wenigen Freunden zugänglich war, wurde mit Einwilligung von Franz Bardons Tochter an den Beginn des Buches gestellt. Es wird wie ein Fenster in seine Sphären wirken und seinen Lesern den Weg zum wahren Adepten erhellen, und es wird Stärke geben auf diesem Weg zu einem wachbewussten ICH.

7. Buch: DAS SCHUTZENGELBUCH.

Wie erlangt man Kontakt mit den höheren Wesen.

Seit über 40 Jahren gehört Stejnars Schutzengelbuch zu den gesuchtesten und beliebtesten Werken der Engelliteratur. Seit Jahrtausenden weiß man, dass es Engel gibt. Die Religionen haben von ihnen verkündet, Franz Bardon hat sie beschrieben, aber Stejnars Schutzengelbuch hat sie für jeden zugänglich gemacht. Was früher nur Priestern und Eingeweihten möglich war, vermag jetzt jeder, der seinen Anleitungen folgt. Für die Neuauflage hat der Autor sein Buch um einige Kapitel erweitert und mit neuen wichtigen Erfahrungen aus seiner magischen Praxis bereichert.

Für jeden Lebensbereich gibt es einen zuständigen Engel. Stejnar verrät, wie man einen Engel um Hilfe bittet und an welchen Engel man sich jeweils wenden soll, wenn man Probleme hat. Eine einfache Methode ermöglicht es, auch ohne magische Evokation den Kontakt zu dem gewünschten Engel herzustellen.

Aus seiner jahrzehntelangen Praxis als astrologischer Lebensberater weiß Stejnar um die Sorgen der Menschen Bescheid und bespricht im Schutzengelbuch die häufigsten Probleme. Seine Erfahrungen im Verkehr mit den unsichtbaren Intelligenzen beschreibt er in Form von konkreten Fallbeispielen, wo er durch ein Amulett mit dem Siegel eines Engels helfen konnte. Zitate aus Dankschreiben sind der Beweis für das segensreiche Wirken der feinstofflichen Wesen.

Persönliche Belehrungen der jeweiligen Engel ergänzen die Beschreibung ihrer Tätigkeit. Dadurch kann jeder auch von sich aus sein Leben richtig mitgestalten. Durch diese bewusste Zusammenarbeit zwischen den Schutzengeln und den Menschen ist eine optimale Hilfe möglich. Die angeführten Belehrungen und Ratschläge der Engel kann jeder sofort befolgen. Für alle anstehenden Lebensprobleme wird eine Lösung aus der Sicht der Jenseitigen, die von ihrer Ebene aus einen größeren Überblick als die Menschen haben, gezeigt.

So wurde ein völlig neues Lebenshilfebuch geschaffen. Die Gesetze des Erfolges und irdischen Glücks, aus der Sicht der Engel gesehen, lassen vieles in einem neuen Licht erscheinen. Ein Weg wird gewiesen, der in geistige Bereiche führt. Ohne religiöse Dogmen und ohne magische Beschwörungsrituale wird in der Gemeinschaft mit den Schutzengeln Trost und Hilfe gefunden.

Für folgende Lebensprobleme werden die zuständigen Engel, deren Namen, Siegel und speziellen Belehrungen beschrieben:

- Gesundheit, Krankheit, Nervenkrisen, Unfallschutz, Unfruchtbarkeit,
- Liebesglück, Liebesleid, Einsamkeit, Schönheit, Trost,
- Glück, Erfolg, Geld, Beruf,
- Studium, Prüfungen, Selbstvertrauen,
- Ehe, Treue, Kinder, Familie, Scheidung, Sex,
- Gerechtigkeit, Gericht, Feinde, Schicksalsschlag, Schutz,
- Vitalität, Jugendfrische, Sport, Willenskraft,
- Mediale Fähigkeiten, Magie, magische Verfolgung, Religion, Astrologie,
- Schwarze Magie, Jenseits und Tod, Erdstrahlen, Dämonen,
- Alkohol-, Drogen- und Diätprobleme.

"Das Schutzengelbuch" von Emil Stejnar schließt die Kluft zwischen Wissenschaft und Religion, zwischen Magie und Mystik, zwischen Diesseits und Jenseits. Wer sich an die einfachen Anleitungen hält, dem wird die geistige Welt erschlossen. Tausende Menschen konnten sich bereits von der wunderbaren Hilfe durch die Engel selbst überzeugen.

"Das Schutzengelbuch" ist kein gewöhnliches Buch. Es ist eine echte Lebenshilfe und bewirkt oft schon beim Lesen wahre Wunder. Die wertvollen Ratschläge, welche die himmlischen Helfer gaben, machen dieses außergewöhnliche Lebenshilfebuch zu einem Quell der Weisheit und des Trostes, und geben selbst in ausweglosen Situationen Hoffnung und Zuversicht.

8. Buch: DER THEBAISCHE KALENDER.

Die 360 Vorsteher der Erdgürtelzone und die Gezeiten ihrer Macht. Die Welt der Dämonen, Götter und Geister.

Franz Bardon beschreibt im Buch "Die Praxis der Magischen Evokation" 360 Intelligenzen der Erdgürtelzone. Wer mit einem Engel-Wesen aus der Erdgürtelzone einen engen Kontakt herstellen will, wird im "Thebaischen Kalender" ein wertvolles Hilfsmittel finden.

Einmal am Tag ist nämlich jede Intelligenz dem Ort, an dem man sich befindet, ganz besonders nahe. Wenn man das Wesen in dieser Zeit bewusst erwartet und ihm im Geist entgegengeht, kann man es nicht verfehlen. Dazu muss man jedoch im Voraus wissen, wann der Zeitpunkt seiner Nähe gekommen ist.

Der "Thebaische Kalender" ist ein immerwährender Kalender. Man kann daraus für jeden Tag des Jahres ablesen, um welche Zeit ein gewünschter Vorsteher am besten zu erreichen ist. So wie die sichtbare Sonne jeden Morgen aufs neue im Osten aufgeht, bewegt sich scheinbar auch die unsichtbare Hierarchie der 360 Genien täglich einmal um die Erde. Alle vier Minuten geht ein neuer Grad der Ekliptik auf und vor jedem Grad steht eine geistige Intelligenz als "Vorsteher" dieses kosmischen Ortes. Jener Vorsteher, der gerade "aufsteigt", ist dem irdischen Geschehen besonders nahe und tritt in der Stunde seines Aufstiegs besonders mächtig in Erscheinung. In dieser Zeit ist die Nähe des Engels deutlicher als sonst zu spüren und man kann ihn auch leichter erreichen, als wenn er sich einem anderen Ort der Erde zuwendet.

Um sich die komplizierten Berechnungen zu ersparen, verwendeten schon die Priester und Magier der Antike den sogenannten "Thebaischen Kalender" Emil Stejnar hatte Gelegenheit, diesen Kalender, den seinerzeit Quintscher für seine magische Forschungsloge herausbrachte und den auch Franz Bardon verwendete, einzusehen und hat sich davon Notizen gemacht. Dabei stellte sich heraus, dass das Original einige Fehler aufwies. Stejnar hat deshalb den ganzen Kalender neu berechnet und mit Kommentaren, Ratschlägen und wichtigen Hinweisen aus seiner eigenen Praxis versehen, und diesen in Form des nun vorliegenden Thebaischen Kalenders neu herausgebracht.

Die mystische Invokation und der richtige Zeitpunkt. In diesen Aufzeichnungen wird auch die Praxis der mystischen Invokation beschrieben. Das ist eine Technik, die nur wenigen Eingeweihten bekannt ist. Mit dieser Methode lassen sich, auch ohne magische Evokation, die positiven Eigenschaften eines jeden Vorstehers, und die besonderen Qualitäten einer bestimmten Ebcnc nutzen.

Man muss einen Vorsteher nicht in die irdische Welt zitieren, sondern kann sich selbst, durch meditative Zuwendung, zur richtigen Zeit in seine Nähe versetzen und sich mit seinem Wesen identifizieren. Man nützt die Gezeiten der Macht und bedient sich der lebendigen Wesenszellen, die aufgrund der Nähe einer Intelligenz gerade vorherrschen. Wer bewusst zur richtigen Zeit in die Aura einer Wesenheit eintaucht, kann von ihrer Nähe profitieren und sein eigenes Wesen entsprechend positiv verändern.

Im "Thebaischen Kalender" sind die Namen aller 360 Genien angeführt und ein Index für die wichtigsten Anliegen lässt rasch den gesuchten Vorsteher finden. Wer dringend die Hilfe oder Inspiration eines Vorstehers braucht, wird ihn zur Zeit seiner Nähe am sichersten erreichen. Wer ein Siegel, ein Amulett oder eine magische Geste aufladen will, kann dies zur Zeit seiner Nähe leichter, als wenn er ihn erst herbeizitieren muss.

Aus dem Inhalt:

- Die 360 Vorsteher und die Gezeiten ihrer Macht.
- Jesus und die Genien, ein gnostisches Werk als Schlüssel zur Hermetik.
- Die Praxis der mystischen Invokation.
- Wie man einen ungewollten Pakt vermeidet.
- Vom richtigen Zeitpunkt. Die astrologischen Gezeiten nutzen.
- Tipps für die Praxis.
- Die drei großen Mysterien der geistigen Macht.
- Index für die Eigenschaften und Bereiche der Genien.
- Götter, Genien und Dämonen und die richtigen Namen der Macht.
- Die Namen der 360 Genien bei den verschiedenen Traditionen.

Warnung!

Stejnar weist auch auf die Gefahren hin, die mit dem Kontakt zu den Genien verbunden sind. Jede Evokation oder Invokation einer Macht, die man nicht beherrscht, hat Folgen und Nebenwirkungen. Viele Anfänger, aber auch fortgeschrittene Magier, die ihre eigene

Kraft überschätzten, sind schlussendlich verarmt, erkrankt oder verrückt geworden.

9. Buch: DIÄT-YOGA.

So schlägt man dem Jojoeffekt ein Schnippchen
So macht man mit dem Rauchen Schluss
So verwandelt man eine Sucht in Willenskraft

Es gibt Menschen, die besitzen eine Ausstrahlung, die jeden sofort beeindruckt. Man spürt förmlich, dass sie nicht nur wollen, sondern auch tun, was sie wollen, und eine selbstbestimmte Persönlichkeit sind. Woher beziehen sie diese Kraft?

Die Antwort ist einfach: Sie wandeln ihre Schwächen in Stärke um. Rauchen Naschen Alkohol, Essen Faulheit Sex, alle Regungen, die sich in Form von Gewohnheiten, Bedürfnissen oder Lustbegehren dem Willen widersetzen, entziehen einem, sobald man sie befriedigt, geistige Energie. Umgekehrt gewinnt man die Energie dieser Schemen, wenn man sich entschlossen weigert, ihnen zu folgen und sie in die Schranken weist. Das ist eine Tatsache und ein kosmisches Gesetz: **Fressen oder gefressen werden.** Jeder bewusste Verzicht stärkt den persönlichen Geist. Es geht dabei nicht um Askese, sondern um mentales Fitnesstraining.

Diät-Yoga bewegt nicht Ihren Körper, sondern Ihren Geist. Diät-Yoga ist keine neue esoterische Modeerscheinung und kein banales Abspeck- oder Rauchentwöhnungsprogramm, sondern uraltes Gedankengut.

Bereits die Eingeweihten im alten Ägypten nutzten das geheime Wissen von der Macht des Geistes über die Regungen des Körpers. Sie wussten: In den Körpertrieben steckt die gleiche Energie wie in der Kraft des Willens, und beschrieben das Mysterium in Form der Sphinx.

Das Geheimnis der Sphinx.

Die Sphinx hat den Körper eines Löwen und den Kopf eines herrschenden Pharaos. Sie ist Symbol für die Gesamtnatur des Menschen: Im Menschen verbindet sich die unbändige Kraft des Löwen mit der lenkenden Macht der menschlichen Vernunft. Animalische Triebkraft und urteilender Verstand bilden eine lebendige Einheit. Im Kopf wird bestimmt in welche Richtung der Kraftstrom fließen soll. Im Kopf wird der Hebel umgelegt.

Die Entscheidung legt den Hebel um.
Die Entscheidung ist Ausdruck des Willens. Die Entscheidung bestimmt ob der Mensch oder das Tier agiert: Vernunft statt Zigarette. Selbstwertgefühl statt Schokolade. Freiheit statt Sklave einer Lust. Vom Verstand bewusst gelenkte Triebe unterscheiden den Menschen vom Tier. Hat man sich entschieden, fließt, mit dem Beschluss, die animalische Kraft des Löwen in die bestimmende Macht des Willens, und untersteht ab sofort - für die Zeit, die man dafür festlegt - der Kontrolle durch den Geist. Dass das funktioniert, ist auf den Nullzeiteffekt zurückzuführen.

Der Zeitfaktor bewirkt, dass der Hebel einrastet.
Der Zeitfaktor ist das Jetzt! Das unmittelbare JETZT. Der Nullzeiteffekt beruht auf diesem blitzartig zündenden zeitlosen JETZT. Der spontane Entschluss: Von JETZT bis heute Abend wird nicht geraucht, oder nicht genascht, oder nichts gegessen, überrumpelt die Triebregungen und überrascht einen selbst. Dem Löwen bleibt keine Zeit, sich dagegen zu stellen. Diät-Yoga nützt diesen Überraschungseffekt zur Selbstbestimmung.

Nimmt man der Zeit nicht die Zeit, rastet der Hebel nicht ein.
Wenn man sich zum Beispiel vornimmt: im neuen Jahr werde ich nicht mehr rauchen, oder ab morgen wird gefastet, oder heute Abend wird nicht genascht, hat das Lustbegehren, also der Löwe mit seinen animalischen Energiekomplexen, genug Zeit sich dagegenzustellen, und die guten Vorsätze schwinden dahin.

- Es kommt nicht auf einen starken Willen an, sondern auf die Entscheidung: "Ich will!"
- In Körperregungen, Leidenschaften, Süchten und Begierden, steckt die gleiche Energie wie in der Willenskraft.

- Jeder kann selbst entscheiden, wofür er diese Energie verwendet: Für sein Lustbegehren, oder für die Entschlusskraft, die nein sagt und sich den unerwünschten Trieben entgegenstellt.

Der Spontanentschluss löst den Nullzeiteffekt aus und stellt die Weichen zur Durchsetzung des Willens. Das Sphinxphänomen beruht auf diesem psychophysischen Mechanismus, den man immer wieder aktivieren kann.

Es ist erstaunlich, wie leicht sich mit diesem Überraschungseffekt Esslust oder Rauchsucht überrumpeln und verdrängen lassen. Wenn der Löwe erkennt, dass er in den nächsten Stunden garantiert nichts bekommt, zieht er sich zurück, und der Gusto stellt sich erst gar nicht ein.

Wenn Sie Übergewicht haben und abnehmen wollen, und das bereits mehrmals vergeblich versuchten, dann lesen Sie dieses Buch.
Wenn Sie mit dem Rauchen aufhören wollen, es nicht schafften, oder Angst haben, Sie würden ohne Zigaretten mehr essen, dann lesen Sie das Buch.
Wenn Sie es satt sind, Sklave einer Sucht zu sein und endlich wieder selbst über sich bestimmen wollen, dann lesen Sie dieses Buch.

Das Geheimnis der Jojo Kurz Diät
- Das Thermostatgewicht und die Verwirrungstaktik.
- Der Sparmodus, der Verzögerungsmechanismus und der Gewöhnungsfaktor.
- Das Wunschgewicht, das Alarmgewicht und das Höchstgewicht.

Wie man die Rauchsucht besiegt
- Die Blitzentwöhnung mit dem Überraschungseffekt
- Die Stufenentwöhnung als Geistessport
- 20 Hinweise, die es erleichtern, mit dem Rauchen aufzuhören

So verwandelt man eine Sucht in Willenskraft
- Das Sphinxphänomen
- Der Nullzeiteffekt
- Die Arbeit mit der HYPNOSCHEIBE.

Mit dem Buch erhält der Leser eine Hypnoscheibe. Mit diesem geheimnisvoll pulsierenden Mandala kann man sich in eine Art Selbsthypnose versetzen. In diesem besonderen Bewusstseinszustand gelingt es einem, das Unterbewusstsein so zu programmieren, dass Essen, Naschen, Trinken, Rauchen an Bedeutung verlieren.

10. Buch: ANDY MO.

Der Sohn des Gnomenkönigs in der Menschenwelt

Ein Junge findet im Keller seines Elternhauses "Das Buch der Meister" und eine neue Generation tritt das magische Erbe an. Wer "Das Buch der Meister und seine Erben" gelesen hat, wird auch die Fortsetzung dieser Geschichte mit Vergnügen lesen und sich noch tiefer in die Mysterien der geheimnisvollen Welt der Geister und der Macht des menschlichen Geistes einweihen lassen.

Andy Mo ist ein junger Erdgeist, der sich in die Menschenwelt wagt, um dort seinen verschollenen Vater, den Gnomenkönig Andimo, zu suchen. Baphomet, der Herr der Welt, hält ihn irgendwo gefangen. Der Fürst des Schattens will verhindern, dass der alte König das Dokument der "Formel des Nichts" findet und den Menschen das letzte große Geheimnis verrät, nämlich, wie man sich endgültig aus dem Machtbereich des Bösen und der herrschenden Mächte befreit. Andy Mo bleibt nicht viel Zeit, seine Mission zu erfüllen, denn wenn ein Geist zu lange auf der Oberfläche der Erde verweilt, kann er nicht mehr in seine geistige Heimat zurückkehren. Zum Glück findet er unter den Menschen gleichaltrige Freunde, die an Geister glauben und ihn daher sehen können. Sie sind ihm bei der Suche nach seinem Vater behilflich. Dafür hilft er ihnen mit seinen magischen Fähigkeiten und weiht sie nach und nach in die Geheimnisse der Magie und Mystik ein. Dabei stoßen sie auf die Spuren von Dr. Stein und die von ihm verfassten Meisterbücher. Der gescheite Rabe Yks ist natürlich auch mit dabei.

Andy Mo erkennt sehr bald: Die Menschen brauchen keine Magie und keine Geister zu beschwören. Wer die Regeln des positiven

Denkens praktiziert, ist bereits ein Magier, der seine Zukunft auf geheimnisvolle Weise nach seinen Vorstellungen gestalten kann. Jeder Gedanke kann als Hilfsgeist dienen. Gedanken können aber auch zu Dämonen entarten. Deshalb ist es wichtig, dass man seine Gedanken beherrscht, und genau das ist auch der Zweck einer magischen Schulung.

Da Andy Mo für die meisten Menschen unsichtbar ist, gibt es immer wieder Überraschungen und lustige Situationen, wenn er mit seinen magischen Fähigkeiten den Schwächeren zur Seite steht. Aber nicht immer hilft der Zauber. Die irdischen Handlanger Baphomets, scheinbar seriöse Persönlichkeiten, in Wahrheit aber kriminelle Individuen, verschonen auch seine Freunde und ihre Familien nicht. Es wird ein Wettlauf mit der Zeit und ein Kampf gegen die Mächte der Finsternis. Wird es Andy Mo und den Freunden gelingen, den Gnomenkönig zu finden und zu befreien? Kann er seine Mission, die Menschen aufzuklären, erfüllen, oder wird am Ende doch das Böse siegen? Der Druck des Schattens auf die Kinder wird immer größer. Als sich Andy Mo in Miri Li, ein Mädchen aus der Gruppe verliebt und gerne wie die Menschen sein möchte, sieht es so aus, als habe Baphomet gesiegt. Probleme tauchen auf, die ganze Welt scheint sich gegen den sympathischen Erdgeist und seine Freunde zu verschwören.

Die Spannung ist bis zur letzten Seite garantiert. Gleichzeitig wird alles, was man über den Geist und über die geistigen Mechanismen, die das Leben und Sterben der Menschen bestimmen, wissen muss, auf leicht verständliche Weise erklärt. Das Geheimnis der "Formel des Nichts" wird erstmals offen gelegt. Mit diesen überraschenden neuen Erkenntnissen über die Macht des Geistes wird das Fundament für die Magie und Mystik des dritten Jahrtausend gelegt. Damit bricht ein neues Zeitalter für die Menschheit an.

Ursprünglich sollte Andy Mo Kinder und Jugendliche in die Welt der Magie und Mystik einführen. Doch es hat sich herausgestellt, dass auch erfahrene Esoteriker von Andy Mo eine ganze Menge lernen können.

Andy Mo erklärt nicht nur, wie Magie in der Praxis funktioniert, sondern auch, wie man ohne Magie, nur durch die Macht der Gedanken, sein Leben auf wunderbare Weise "magisch" verändern kann. Die Arbeit mit dem Geist und mit Geistern ist tatsächlich möglich.

Zwölf Jahre nach Erscheinen der 10 Bände hat sich Emil Stejnar entschlossen, auch die drei letzten Bücher, die, wegen des brisanten Inhalts, nur seinem engsten Freundeskreis vorbehalten waren, herauszugeben. Die sensationellen Erkenntnisse und provokanten Thesen werden vielleicht manche Leser schockieren oder empören, aber auch zum Nachdenken anregen und das ist der erste Schritt auf dem Weg zu einem wachbewussten ICH.

Es geht um den "lieben" Gott und die Frage, welche Bedeutung die Menschen für die Götter, Genien und Dämonen haben. Und es geht um die Freiheit, um das Erwachen, und um die Geburt des "ICH BIN".

Es geht um die Erkenntnis, dass die Menschen, sowohl die Mächtigen, als auch die Ohnmächtigen, ahnungslose Spielfiguren im Strategiespiel der Götter sind. Und es geht um die Technik, die es ermöglicht, dass man sich emanzipiert und erwacht und von diesem Spielbrett springt.

Die Instruktionen im 11. und 12. Buch führen an das Ziel jeder hermetischen Ausbildung - aber auch an den Anfang - denn für den Erwachten gewinnt die Geistesschulung einen völlig neuen Sinn. Wer einmal erwacht ist, sieht nicht nur sich selbst und sein Leben, sondern auch den Tod und das Jenseits aus einem anderen Blickwinkel. Nichts ist wie zuvor. Den neuen Standpunkt erlebt das Bewusstsein wie eine Geburt. Im 13. Buch wird das Mysterium der Schlange und die wahre Bedeutung der Sexualmagie enthüllt.

11. Buch: AN DER PFORTE ZUR LETZTEN LATERN.

Einweihungsroman

Nicht nur der Titel, das ganze Buch könnte von Gustav Meyrink inspiriert worden sein. Stejnar bedient sich gekonnt der Wortmagie Meyrinks und erweckt seinen Geist wieder zum Leben. Er webt bekannte und unbekannte Zitate von ihm in seine Geschichte, bis er mit ihm zu einer Einheit verschmilzt. Was Meyrink begann, hat Stejnar mit diesem Buch vollendet. Der Leser findet sich selbst und erwacht.

Annika, eine junge Wissenschaftlerin wird entführt. Auch ihr Verlobter, Prof. Berg, der sie verzweifelt sucht, ist in Lebensgefahr. Es geht um die Daten für eine epochemachende Erfindung. Eine fanatische, mitleidlose Sekte will diesen Fortschritt für die Menschheit um jeden Preis verhindern und scheut auch vor Folter und Mord nicht zurück. Auch ein mächtiger, skrupelloser Konzern ist hinter dem Geheimnis her. Es wird ein Wettlauf mit der Zeit. Die Spur führt nach Prag, wo Prof. Berg auf mysteriöse Weise in einem mysteriösen Haus, nach einem Unfall erwacht.

Das "Erwachen" ist das zentrale Anliegen jeder Initiation. Dieser besondere Zustand des Bewusstseins, in dem man erfasst, dass man ist, ist die Grundlage jeder selbstbestimmten Persönlichkeit und das erste Ziel jeder okkulten Tradition. So lange man nicht erwacht ist, hat die Beschäftigung mit Magie und Mystik wenig Sinn. Nur der erwachte Geist ist in der Lage, sich von den Mächten, auf die er angewiesen ist, weil sie ihn tragen, zu befreien.

»Die meisten glauben, dass "Wachsein" ein Offenhalten der Sinne und Augen und ein Aufbleiben des Körpers während der Nacht sei. Von nichts ist der Mensch so fest überzeugt wie davon, dass er wach sei; dennoch ist er in Wirklichkeit in einem Netz gefangen, das er sich selbst aus seinen Gedanken und Gefühlen, dem Hirngespinst, aus dem die Träume sind, webt. Er bleibt ein Träumender.« Schreibt Gustav Meyrink, der wie kein anderer Geistesforscher, die Mystik des Wachseins erfasste, erklärte und beschrieb.

Man ist gefangen in einem Körper, von seinen Regungen betäubt und von seinen Hirnfunktionen hypnotisiert. Man glaubt, wach zu sein, aber in Wahrheit treiben einen die Gedanken vor sich her und halten einen in der mentalen Tretmühle des Alltags im Vorraum des Bewusstseins fest.

In diesem spannenden Thriller wird das "Erwachen" von unterschiedlichen Standpunkten ausgeleuchtet und auf verschiedene Weise beschrieben, so dass das Geschilderte, tatsächlich jedem einen Zugang zu diesem Mysterium gewährt.

Die suggestive Bildsprache, durchwoben mit bekannten und unbekannten Zitaten von Gustav Meyrink, zieht den Leser, ohne dass er es merkt oder etwas dagegen tun kann, tiefer und tiefer in die Welt des Protagonisten hinein. Eine Welt, in der Wahn und Wirklichkeit nicht mehr zu unterscheiden sind. Irgendwann beginnt man dann selbst zu hinterfragen, ob man sich in der Welt der Lebenden, der Träumenden oder der Toten bewegt.

Es ist eine ungeheuer verblüffende Erfahrung, wenn man nach einigen Kapiteln plötzlich selbst nicht mehr sicher ist, ob man wach ist oder träumt. Aber gerade diese kafkaeske Verwirrung bewirkt schlussendlich das Erwachen, das wie eine Initiation zu einer neuen Selbsterkenntnis führt. Das Gelesene setzt einen Mechanismus in Gang, der das Bewusstsein verändert und dem Selbstbewusstsein völlig neue Qualitäten verleiht.

Wieder einmal beweist Stejnar: Esoterik kann intelligent, aufschlussreich und für das Leben (und Sterben) ungemein hilfreich sein.

Wer Stejnar und Meyrink kennt, muss dieses Buch gelesen haben.

12. Buch: TRÄUMEN KANN GEFÄHRLICH SEIN.

Mystische Erzählungen, Aufregende Kurzgeschichten, Rätselhafte Aufzeichnungen

Es geht um die Abgründe, in die man, sowohl im Diesseits, als auch im Jenseits, stürzen kann. Es geht um die Träume, bei denen man weiß, dass man träumt, und es geht um die Realität, die man, obwohl man überzeugt ist, wach zu sein, verschläft. Und es geht um das Erwachen, um das Wachsein, um die Neugeburt des ICH.

Auch wenn man bei manchen Erzählungen den Eindruck gewinnt, dass sich der Autor über Gott und die Welt und über die Esoterikerinnen und Esoteriker lustig macht, sobald man auch die "Anmerkungen zu den Geschichten" liest, wird man eines Besseren belehrt. Verrückte Weltbilder werden zurechtgerückt. Was geglaubt wird, wird in Frage gestellt, und neue Sichtweisen erhellen, was bisher im Dunkeln lag.

Die revolutionären Thesen über das Mysterium des Bewusstseins, über die Welt der Träume, über das Wesen der Götter und Geister und ihren verborgenen Einfluss auf die Menschen, stellen ein von Grund auf neues Weltbild vor.

Götter werden entthront, Tempelsäulen gestürzt, Moscheen und Kathedralen gestürmt. Ein neuer, gewaltiger, unzerstörbarer Dom, gebaut aus dem Geist des Gedanken "ICH BIN", wird errichtet. Wer in diesem persönlichen Refugium erwacht, hat das Mysterium des Bewusstseins erfasst. Er kann jederzeit der selbstbewusste Beobachter seiner Gedanken, der selbstbewusste Beobachter seiner Gefühle, der selbstbewusste Beobachter seines Wesens und seines Schöpfers sein.

Auf die Frage, was denn seiner Meinung nach in der Magie und Mystik das Wichtigste wäre, antwortete der Schamane Don Eduardo, den man den Magier der Vier Winde nennt, "Humor". Und auch Meyrink bediente sich gerne der Satire, um seine magisch mystischen Erfahrungen einprägsam zu vermitteln. Nun hat auch Emil Stejnar diese Möglichkeit entdeckt und die letzten Erkenntnisse der Geisteswissenschaft in unterhaltsame Geschichten verpackt.

Nehmen Sie also die Geschehnisse nicht so ernst, wie sie eigentlich genommen werden sollten. Aber bleiben Sie wachsam und wach! Denn die Erzählungen entführen Sie in eine andere Welt. In die Welt der Träume, und Träumen kann gefährlich sein.

13. Buch: GNOSIS TANTRA QUABBALAH.

Die Schlange, die Macht und die Kraft

Es gibt Tausende Abhandlungen über Gnosis, Tantra und Quabbalah. Alles nur Theorie. Nun wird endlich auch die Praxis verständlich erklärt und belegt, dass die unterschiedlichen Methoden der unterschiedlichen Traditionen auf den gleichen geistigen Grundlagen und Erkenntnissen beruhen.

- **3 Traditionen, 2 Wege, 1 Ziel.** Alle drei Systeme erklären sich aus dem Mysterium der Schlange.
- **Kundalini Shakti - die Schlange** der Tantriker - ist die Schlange der Gnostiker - ist die Schlange der Quabbalisten - ist die Manifestation der Kraft, die etwas ins Leben ruft: ein Bild, einen Gedanken, ein Gefühl, einen Entschluss.
- **Die Schlange ist die Imaginationskraft,** die Macht der Vorstellung, die Schöpferkraft der Gedanken, mit denen jede Handlung beginnt. Sie ist auch die Manifestation der Kraft, mit der man unerwünschte Vorstellungen und Regungen bezwingt. Sie ist Macht und Kraft zugleich.
- **So bekommt man die Schlange in den Griff.** Am Anfang ist immer das Wort, also der Gedanke. Ein Gedanke kann verführen, befruchten oder sich der Macht eines unerwünschten Gedankens entgegenstellen.
- **Tantra, Yoga und die Sexualmagie.**
- **Gnosis bedeutet Erkenntnis.** Es geht dabei nicht um Erkenntnis von Wissen, sondern um das Erkennen von sich selbst. Nicht wer ich bin, oder was ich bin, oder wie ich bin - es geht um die Erkenntnis: "Ich **BIN**" als Zentrum und Bewusstseinsträger.

Um dieses Zentrum herum ordnet der Erwachte seine feinstofflichen Organe und Glieder.

- **Der Gott der sich selbst recyclen kann.**
- **Das Fleisch von Geist und Seele.**
- **Die Frequenzen der kosmischen Sprache,** mit denen der Quabbalist sich selbst gestaltet und magisch wirkt, beschreibt Franz Bardon als Wirkkraft von Farbe, Ton, Empfindung und Qualität. Diese Mächte werden mit Buchstaben, die als Behälter und Bausteine dienen, verbunden.
- **Der astrologische Code**, als Schlüssel zum Verständnis von Bardons System der Quabbalah.

Die Bücher der "MAGIE & MYSTIK IM 3. JAHRTAUSEND" in 13 Bänden:

1. Buch: DAS BUCH DER MEISTER UND SEINE ERBEN. Ein spannender Einweihungsroman aus der Welt der Magie, Freimaurerei und jenseitigen Mächte.
ISBN 978-3-900721-24-4, ISBN 978-3-900721-25-1

2. Buch: EXERZITIEN FÜR FREIMAURER. Instruktionen und Logenvorträge über Magie und Mystik. Einblicke in das wahre Wesen der Freimaurer Tradition und in die geheime Magie der christlichen Mystik.
ISBN 978-3-900721-02-2, ISBN 978-3-900721-06-0

3. Buch: DIE VIER ELEMENTE. Der geheime Schlüssel zur geistigen Macht. Wie man seinen unsterblichen Lichtleib gestaltet, und wie man die geistigen Mächte beherrscht. *ISBN 978-3-900721-22-0, ISBN 978-3-900721-09-1*

4. Buch: AUSSERKÖRPERLICHE ERFAHRUNGEN. Wie man lernt, ohne seinen Körper zu leben. *ISBN 978-3-900721-23-7, ISBN 978-3-900721-26-8*

5. Buch: ASTROLOGIE. Navigation für den Lebensweg. Genetischer Code von Geist und Seele. *ISBN 978-3-900721-11-4, ISBN 978-3-900721-12-1*

6. Buch: DER ADEPT FRANZ BARDON. Wer war er? Was lehrt er? Wohin führt sein Weg? *ISBN 978-3-900721-15-2, ISBN 978-3-900721-16-9*

7. Buch: DAS SCHUTZENGELBUCH. Wie erlangt man Kontakt mit den höheren Wesen? Die Genien der Erdgürtelzone, wie sie wirken und was man tun muss, damit sie einem helfen, das Schicksal zu erleichtern.
ISBN 978-3-900721-19-0, ISBN 978-3-900721-05-3, ISBN 978-3-900721-04-6

8. Buch: DER THEBAISCHE KALENDER. Die 360 Vorsteher der Erdgürtelzone und die Gezeiten ihrer Macht. Die Welt der Dämonen, Götter und Geister.
ISBN 978-3-900721-20-6, ISBN 978-3-900721-21-3

9. Buch: DIÄT-YOGA. So schlägt man dem Jo-Jo-Effekt ein Schnippchen: Wie man sein Übergewicht, eine Sucht oder andere Körpertriebe in reine Lebenskraft verwandelt.
ISBN 978-3-900721-07-7, ISBN 978-3-900721-10-7

10. Buch: ANDY MO - Der Sohn des Gnomenkönigs in der Menschenwelt
Ein Fantasie-Roman und trotzdem aufregende, reale Wirklichkeit. Eine Einführung in die Welt der Magie und Mystik. Für Kinder und Erwachsene.
ISBN 978-3-900721-17-6, ISBN 978-3-900721-27-5

11. Buch: AN DER PFORTE ZUR LETZTEN LATERN. Ein ungemein spannender Thriller über die verborgenen Mächte, die über das Weltgeschehen, und das Bewusstsein der Lebenden und der Toten herrschen, und wie man erwacht und sich aus diesem geistigen Netzwerk befreit. *ISBN 978-3-900721-00-8, ISBN 978-3-900721-08-4*

12. Buch: TRÄUMEN KANN GEFÄHRLICH SEIN. Außergewöhnliche, aufregende und provokante Erzählungen über das Mysterium des Wachseins und Sterbens, und die Abgründe, in die man, sowohl im Diesseits als auch im Jenseits, stürzen kann. Selbstfindung und Erwachen sind das höchste Ziel des hermetischen Weges.
ISBN 978-3-900721-01-5, ISBN 978-3-900721-03-9, ISBN 978-3-900721-28-2

13. Buch: GNOSIS TANTRA QUABBALAH. Die Schlange, die Macht und die Kraft.
ISBN 978-3-900721-13-8, ISBN 978-3-900721-14-5

Emil Stejnar

1939 in Wien geboren, hat sich seit frühester Jugend mit Magie und Mystik beschäftigt. Zahlreiche Publikationen und Medienauftritte machten ihn im In- und Ausland bekannt. Er leitete, neben seinem Juweliergeschäft, zwanzig Jahre lang das Institut für wissenschaftliche Schicksalsforschung und ist Begründer der gnostischen Hermetik, welche die alten Traditionen ins dritte Jahrtausend führt.

Seine besonderen Anliegen sind die Freimaurerei und die Astrologie, weil er dort die Schnittstellen fand, welche die Welt des Geistes mit der Welt der Materie, also die Welt der Esoterik mit der Welt der Wissenschaft verbinden.

Stejnar gilt als Nachfolger des berühmten Magiers Franz Bardon und wird im Vorwort zur Neuauflage des wohl wichtigsten Werkes über die Gnosis "Fragmente eines verschollenen Glaubens" neben Geistesgrößen wie C.G. Jung, Mozart, Hegel, Nietzsche, Rilke, Kafka, neben Eingeweihten wie Jakob Böhme, Papus, Eliphas Levi und Altmeister Aleister Crowley als letzter bedeutender Gnostiker genannt.

WWW.STEJNAR-VERLAG.COM